cartas a Malcolm
acerca de la oración

si Dios no escuchase

C. S. Lewis

cartas a Malcolm
acerca de la oración

si Dios no escuchase

C. S. Lewis

GRUPO NELSON
Desde 1798

Para otros materiales, visítenos en:
gruponelson.com

Título en inglés: *Prayers, Letters to Malcolm*
Primera publicación en inglés por Geoffrey Bles en 1964.
Por Fount (HarperCollins Publishers), en 1977 y 1998
© 1963, 1964 por C. S. Lewis Pte Ltd.
© 2020 de la versión española por José Luis del Barco,
Por Ediciones Rialp, S. A.

Traducción: *José Luis del Barco*
Adaptación del diseño al español: *Setelee*

ISBN: 978-0-84991-935-0
eBook: 978-0-84991-936-7
Descarga: 978-1-40024-878-0

Número de control de la Biblioteca del Congreso: 2023934567

CONTENIDO

PURO DON

CASI TODO TIENE precio. Ni siquiera la belleza, ese delirio a la espera de un corazón que la sienta, es completamente gratis. Para llegar al lugar donde permanece en vela, y al que poquísimos hombres han conseguido acercarse a verla por los demás, debemos pagar un precio de sacrificio y silencio. No es el oro la moneda que nos permite comprarla, sino un metal más precioso, una rara aleación de temblores, soledad, sensibilidad y entrega.

Ese importe gustoso a que asciende la belleza la emparenta con el don. Igual que un sol que se da casi gratuitamente, pues exige solo un cielo sin envolturas de nubes y tiempo desocupado para salir a la calle, la belleza desparrama su inutilidad espléndida a un precio muy rebajado. Pero no es un don completo. Dádiva, don, puro obsequio, solamente la oración.

¿Qué don recibe el que ora? ¿Qué gran regalo consigue el que se hinca de rodillas y alza la mirada al cielo para adorar o alabar o implorar al Creador asiduo del universo? ¿Qué obsequio obtiene el que cuenta sus alegrías y penas, sus diarios quehaceres y planes para el futuro, sus anhelos como alas para subir por la cuesta pina de los ideales, sus inquietudes y miedos, al Ser que todo lo sabe? ¿Qué dádiva logrará el que muestra los rincones escondidos de su alma, esa intimidad oculta como joya soterrada, al Ser que es luz de la luz y desvanece las sombras? El hombre obtiene al orar dos dones muy generosos.

El primero es elevarnos hasta el rango de personas. Hay quien ha dicho que orar, contar a Dios nuestras cosas, es algo que está de más, como lluvia en el océano, una acción vana e inane e innecesaria e inútil, igual que empujar las rachas furiosas del huracán, pues Él las conoce ya, y hasta mejor que nosotros. «Somos conocidos por Dios completamente —dice Lewis— y, en consecuencia, por igual. Ese es nuestro destino, tanto si nos gusta como si no».

Es indudable que Dios sabe por adelantado las cosas que le contamos. Pero hay mucha diferencia entre que Dios nos conozca —ser conocidos por Él— y consentir sin reservas en que nos conozca Dios: querer que nos vea por dentro y darnos a su visión de una manera espontánea, sin tapaduras ni velos. Ser conocidos por Dios es forzoso e ineluctable, pues para el Ser omnisciente no hay nada desconocido, nada se puede encubrir ni se le puede ocultar, y sucede igual si el hombre da o no su consentimiento.

Si solo ocurriera esto, seríamos como las cosas impersonales del cosmos. Así lo ha expresado Lewis: «Por lo general, ser conocido por Dios es estar, para este propósito, en la categoría de las cosas. Somos, como las lombrices, las coles y las nebulosas, objetos del conocimiento divino». Pero cabe disponer nuestro recinto interior sin valladares ni obstáculos a la mirada de Dios, abrir nuestro corazón (aunque ningún corazón está cerrado para Él), ser transparente cristal para sus divinos ojos (aunque es diáfano todo para su eterna visión), darle a conocer las capas profundas de nuestro ser (aunque todo es superficie, despejada transparencia, para el poder creador). «Cuando nos percatamos del hecho y consentimos con toda nuestra voluntad en ser conocidos de ese modo, entonces nos tratamos a nosotros mismos, en relación con Dios, no como cosas, sino como personas... Quitándonos el velo, confesando nuestros pecados y "dando a conocer" nuestras peticiones, adoptamos el elevado rango de personas delante de Él. Y Él, descendiendo, se hace Persona para nosotros».

Dádivas quebrantan peñas, dice un refrán popular. Pero si quebrantan peñas, si ablandan el corazón con su avalancha de halagos como los golpes doblegan el temple del pedernal, no son dádivas perfectas, debidas a la abundancia de generosidad, sino encubiertos sobornos o señuelos clandestinos. No es así la limpia dádiva que depara la oración. La oración es puro don que nos regala el obsequio de ser seres personales, únicos, irrepetibles, nuevos, insustituibles. La persona es novedad, lo único nuevo en el mundo, que se empobrece hasta el límite, como bosque del que el hacha talara un árbol impar, cuando sucumbe y se va. Esa dádiva excesiva nos regala la oración.

Bastaría con este don para ver en la plegaria la forma más desprendida de la magnanimidad. Pero aún nos brinda este otro: satisfacer el anhelo de que nuestra voz se escuche. En nuestro mundo al galope vamos con desasosiego siempre de acá para allá, y apenas nos queda tiempo para escuchar a los otros y que ellos nos escuchen. Sufrimos un mal borroso de indiferencia y olvido. En la cultura de muros y ventanas clausuradas al oficio de escuchar, el ansia de ser oídos, que anida en el corazón igual que insaciable sed, parece estar condenada a un destino desgarrado de frustración y extravío. Nos preguntamos en vilo, igual que hacía Pascal, si en el espacio infinito de estrellas indiferentes y soles sin corazón alguien oye nuestra voz. Más que obtener lo que piden nuestras encendidas súplicas, queremos que nos escuchen. «Podemos soportar —dice Lewis— que se rechacen nuestras peticiones, pero no podemos soportar ser ignorados». Y añade: «Las personas religiosas no hablan de los "resultados" de la oración, sino de que se les ha "respondido" o de que han sido "oídos"».

¿Es la oración que se eleva, como son tantas palabras dirigidas al vacío, un hablar que nadie escucha? ¿También al orar encuentran los ruegos del corazón unos tapiados oídos? ¿Nadie, nadie oye mi voz? «¿Estamos hablándonos a nosotros mismos —dice Lewis— en un universo vacío?». Una desazón así, de desahuciada orfandad, llena de terror al hombre cuando cree que nadie escucha la voz de su corazón. Es «el temor persistente —como lo define Lewis— de que no haya nadie que nos escuche y que lo que llamamos oración sea un soliloquio: alguien hablando consigo mismo». Lewis ilustra la idea con la ayuda de un poema de un autor desconocido: «Me dicen, Señor, que cuando creo / estar hablando contigo, / es todo sueño, pues no se oye sino una voz, / un hablante imitando que es dos».

El temor, alojado en las entrañas como una aguja afilada, de que hablar sea un soliloquio y el diálogo un engaño o una comedia macabra, lo disipa la oración. El que ora oye en el silencio que Alguien escucha su voz. Tras haberse hecho eco de la desazón del hombre que dice que la plegaria es un falaz soliloquio, el poema antes citado, escrito seguramente por alguien que oraba mucho, manifiesta la alegría de saber que sus palabras las recibe el mismo Dios, que no solo está a la escucha, igual que un gaviero atento al palpitar de la mar, para oír la voz de ayuda o de aclamación del hombre, sino que habla por él y le dicta las palabras e ideas que le faltan. «A veces la cosa no es, sin embargo, / como la imaginan. Antes bien, / busco en mí las cosas que esperaba decir, / y he aquí que mis pozos están secos. / Luego, viéndome vacío, abandono / el papel de oyente y a través / de mis mudos labios respiran y despiertan al lenguaje / pensamientos nunca conocidos». La oración posibilita el diálogo supremo en el que Dios habla a Dios en el corazón del hombre. «Si el Espíritu Santo habla en el hombre, en la oración Dios habla a Dios».

La oración no constituye un circular soliloquio, en el que la voz rebota contra un muro de desdén para volver a los labios de donde había salido, sino el supremo diálogo mantenido desde siempre y nunca interrumpido.

Los sucesos de este mundo se sujetan sin remedio a la tiranía del tiempo, ese incorpóreo río que resbala, corre, pasa. Aquí todo es discontinuo, todo empieza y todo acaba, es intermitente todo, como el vaivén de los días, que dejan paso a la noche para volver a empezar. La oración rompe el imperio intolerante del tiempo, abriendo entre el hombre y Dios un diálogo sin pausa desde el principio del mundo. Así lo ha expresado Lewis: «... Si nuestras plegarias son atendidas, son atendidas desde la creación del mundo. Ni Dios ni sus actos están en el tiempo... Nuestras oraciones son oídas —no debe decir "han sido oídas" o introduce a Dios en el tiempo— no solo antes de pronunciarlas, sino incluso antes de haber sido creados nosotros mismos». ¡Ser oídos sin cansancio desde el comienzo del tiempo: he ahí el puro don que la oración nos regala!

JOSÉ LUIS DEL BARCO

I

COMPARTO POR COMPLETO la idea de que deberíamos volver a su antiguo plan de tener un tema más o menos fijo —un *agendum*— para nuestras cartas. La última vez que estuvimos separados, la correspondencia decayó por carecer de él. Cuánto mejor lo hacíamos en nuestros días estudiantiles con aquellas interminables cartas sobre la *República*, los metros clásicos y lo que entonces era la «nueva» psicología. Nada mejor que un desacuerdo para que el amigo ausente se nos haga presente.

La oración, que es el tema que usted sugiere, es un asunto que me preocupa sobremanera. Me refiero a la oración privada. Si está pensando en la oración colectiva, entonces yo no participo. No hay ningún asunto en el mundo, a excepción del deporte, sobre el que tenga menos que decir que sobre liturgia; y lo poco, casi nada, que tengo que decir se puede despachar muy bien en esta carta.

Considero que nuestro deber como seglares es recibir lo que nos ha sido dado y contentarnos con ello. Y entiendo que nos resultaría mucho más fácil si lo que nos ha sido dado fuera lo mismo siempre y en todo lugar.

A juzgar por sus hábitos, pocos pastores anglicanos tienen esta opinión. Parece como si creyeran que se puede inducir a la gente a ir a la iglesia recurriendo a animaciones, aligeramientos, alargamientos, abreviaciones, simplificaciones y complicaciones del culto. Probablemente sea cierto que un párroco nuevo y perspicaz pueda formar una minoría dentro de su parroquia que esté a favor de estas innovaciones. La mayoría, creo yo, no lo está nunca. Los que quedan —muchos dejan de ser practicantes— se limitan a aguantar.

¿Esto es así simplemente porque la mayoría está aferrada a la tradición? No lo creo. La mayoría tiene una buena razón para su conservadurismo. La novedad, como tal novedad, solo puede tener un valor de entretenimiento, y la mayoría no van a la iglesia para que se les entretenga. Van para *usar* el culto o, si lo prefiere, para *ponerlo en práctica*. Cualquier forma de culto es una estructura de actos y palabras mediante los cuales recibimos los sacramentos, o nos arrepentimos, o suplicamos, o adoramos. Y, además, el culto nos capacita para hacer todas esas cosas del mejor modo posible —o, si le gusta más, «surte efectos» mejores— cuando, gracias a una larga familiaridad, no tenemos que pensar en él. Mientras hay que concentrar la atención y contar los pasos, no se está bailando, sino tan solo aprendiendo a bailar. Un buen zapato es aquel que no se nota. La buena lectura resulta posible cuando no es necesario pensar conscientemente en los ojos, la luz, la impresión o la ortografía. El servicio religioso perfecto sería aquel del que apenas nos percatáramos, aquel en que toda nuestra atención estuviera en Dios.

Todo esto lo impide la novedad. La novedad fija nuestra atención en el culto mismo, y pensar acerca de la adoración es algo distinto de adorar. La pregunta esencial sobre el Grial fue esta: «¿Para qué sirve? Es loca idolatría que engrandece más el culto que al dios». Pero todavía puede ocurrir algo peor. La novedad puede hacer que nuestra atención no se centre en el culto, sino en el celebrante. Ya sabe lo que quiero decir. Si trata de evitarlo, la pregunta «¿qué diantres se propone ahora?» le incordiará. Eso destroza la devoción que uno tenga. Verdaderamente se puede disculpar hasta cierto punto al hombre que dijo: «Me gustaría que recordaran que la tarea encomendada a Pedro fue: "apacienta mis ovejas", no "haz experimentos con mis ratas", ni tampoco "enseña nuevos trucos a mis perros amaestrados"».

Así pues, mi postura acerca de la liturgia queda reducida realmente a una súplica en favor de la estabilidad y la uniformidad. Yo puedo practicar cualquier tipo de culto con la única condición de que se esté quieto. Pero si las fórmulas me son arrebatadas en el preciso momento en que comienzo a familiarizarme con ellas, entonces no puedo hacer jamás el menor progreso en la ceremonia del culto. No me da la oportunidad de adquirir un hábito entrenado, *habito dell' arte*.

Bien puede ser que algunas variaciones, que a mí me parecen meramente cuestión de gusto, entrañen en realidad importantes diferencias doctrinales. Pero ¿no ocurrirá lo mismo con todas? Si las diferencias doctrinales importantes son realmente tan numerosas como las variaciones en la práctica, tendremos que concluir que la Iglesia de Inglaterra no existe. De todos modos, la Agitación Litúrgica no es un fenómeno exclusivamente anglicano. Según he oído, los católicos se quejan también de ella.

Esto me devuelve al punto de partida. Nuestra tarea, como laicos, es sencillamente continuar con firmeza y contentarnos con eso. Toda tendencia o preferencia apasionada por un tipo de culto debe ser considerada simplemente como una tentación. Las feligresías partisanas son mi *bête noire*. Haremos una labor muy útil si las evitamos. Los pastores se van, «cada uno a su ocupación», y desaparecen por diversos puntos del horizonte. Si las ovejas se arraciman pacientemente y siguen balando, ¿no podría ocurrir que finalmente hagan volver a los pastores? (¿No se han conseguido a veces las victorias inglesas gracias a la tropa y a pesar de los generales?).

En lo tocante a las palabras del culto —la liturgia en el sentido más propio—, la cuestión es diferente. Si existe una liturgia vernácula, debe ser una liturgia cambiante, de otro modo será vernácula solo de nombre. El ideal del «inglés eterno» es un puro sinsentido. Ninguna lengua viva puede ser eterna. También se podría pedir un río inmóvil.

Creo que, a ser posible, sería mejor que los cambios necesarios se hicieran gradualmente y de modo imperceptible (para la mayoría de la gente). Aquí un poco, allí otro poco. En un siglo cambiar una palabra en desuso, como los cambios graduales de ortografía en las sucesivas ediciones de Shakespeare. Tal como están las cosas, tenemos que adaptarnos, si podemos reconciliar asimismo al gobierno, a un nuevo Libro de Oraciones.

Si estuviéramos en condiciones —yo doy gracias a mi buena estrella por no estarlo— de aconsejar a sus autores, ¿no tendríamos que darles algún consejo? El mío difícilmente podría ir más allá de ciertas precauciones inútiles: «Tengan cuidado. Es muy fácil romper los huevos sin hacer la tortilla».

La liturgia es ya uno de los pocos elementos de unidad que queda en nuestra Iglesia, terriblemente dividida. El bien que se vaya a hacer mediante enmiendas debe ser muy grande y muy seguro antes de desechar lo anterior. ¿Puede imaginarse un nuevo Libro de Oraciones que no vaya a ser origen de un nuevo cisma?

La mayoría de los que insisten en una revisión desean, al parecer, que sirva para dos propósitos: modernizar el lenguaje para hacerlo más inteligible, y avanzar en el progreso doctrinal. ¿Se han de llevar a cabo las dos operaciones —cada una ardua y peligrosa— al mismo tiempo? ¿Sobrevivirá el paciente? ¿Cuáles son las doctrinas sobre las que hay acuerdo para incorporarlas al nuevo Libro de Oraciones y cuánto tiempo durará el acuerdo al respecto? Me hago estas preguntas con ansiedad porque el otro día leí a alguien que parecía desear que todo lo que en el viejo Libro de Oraciones fuera inconsecuente con el pensamiento de Freud debería ser suprimido.

¿A quiénes vamos a complacer revisando el lenguaje? Un párroco rural conocido mío preguntó a su sacristán por el significado de la palabra *indiferentemente* en la frase «administrar justicia leal e indiferentemente». El sacristán respondió: «No hacer distinción entre un tipo y otro». «¿Y qué significaría la frase si dijera *imparcialmente*?», preguntó el párroco. «No lo sé, nunca he oído esa palabra», respondió el sacristán. Como puede ver, aquí nos hallamos ante un cambio que pretende hacer las cosas más sencillas. Sin embargo, no lo consigue, ni en el caso de las personas cultas, que ya entendían lo que significaba *indiferentemente*, ni en el de los totalmente incultos, que no entienden el significado de *imparcialmente*. El cambio ayuda solo a cierta zona intermedia de la congregación que posiblemente no sea la mayoría. Esperemos que los revisionistas se preparen para la obra haciendo un prolongado estudio empírico del habla popular tal como es de hecho, no como *a priori* suponemos que es. ¿Cuántos eruditos saben (se trata de algo que yo descubrí de forma casual) que cuando las personas incultas dicen *impersonal* quieren decir, a veces, *incorpóreo*?

¡Cuántas expresiones arcaicas no son, sin embargo, ininteligibles! («Sean animosos»). Me parece que la gente reacciona ante el arcaísmo de muy diversa manera. A unos les provoca hostilidad: convierte en irreal lo que se dice. Para otros, no necesariamente los más instruidos, es muy numinoso y una auténtica ayuda para la devoción. No podemos complacerlos a ambos.

Entiendo que debe haber un cambio. Pero ¿es este el momento? Se me ocurren dos signos para saber cuándo ha llegado el momento oportuno. Uno sería la unidad entre todos nosotros, lo cual permitiría a la Iglesia —no a algún grupo transitoriamente triunfante— hablar con una voz unida a través de la nueva obra. El otro sería la presencia manifiesta, en algún lugar de la Iglesia, del talento específicamente literario que se requiere para componer una buena oración. La prosa tiene que ser no solo muy buena, sino muy buena en un sentido muy especial, para hacer frente a la lectura reiterada en voz alta. Cranmer puede tener defectos como teólogo, pero, como estilista, puede aventajar a todos los modernos y a muchos de sus predecesores. En este momento no aprecio ninguno de esos signos.

Sin embargo, todos queremos hacer «reparaciones». Yo mismo vería con alegría que se eliminaran del ofertorio las palabras: «¡Que tu luz brille sobre los hombres!». En ese contexto suenan como una exhortación a dar limosna para que sea visto por los hombres.

Quisiera continuar la carta ocupándome de lo que dice usted acerca de las cartas de Rose Macaulay, pero deberá esperar hasta la próxima semana.

II

NO PUEDO ENTENDER por qué dice usted que mi punto de vista sobre el culto religioso está «centrado en el hombre» e interesado sobremanera en la «mera edificación». ¿Se infiere eso de algo que yo haya dicho? Actualmente mis ideas sobre el sacramento serían llamadas, probablemente, «mágicas» por buena parte de los teólogos modernos. ¿Es seguro que, cuanto más plenamente se cree que tiene lugar un acontecimiento estrictamente sobrenatural, menos importancia hay que atribuir al vestido, los gestos y la posición del sacerdote?

Estoy de acuerdo con usted en que el sacerdote no está solo para edificar a los hombres, sino también para dar gloria a Dios, y ¿cómo puede un hombre glorificar a Dios poniendo obstáculos en el camino de los demás hombres? Especialmente cuando el más leve elemento del «deseo clerical de ser el mejor» —debo esta frase a un clérigo— recalca alguna de sus excentricidades. Qué cierto es el pasaje de la *Imitación* en que se dice al celebrante: «Mira no tu propia devoción, sino la edificación de tu grey». He olvidado cómo es en latín.

Ahora me referiré a las *Cartas* de Rose Macaulay. Como a usted, a mí también me dejó perplejo su búsqueda incesante de más y más oraciones. Si las coleccionara meramente como *objets d'art,* puedo entenderlo. Sería una coleccionista nata. Pero tengo la impresión de que las colecciona para utilizarlas; de que toda su vida de oración depende de lo que se podría llamar oraciones «ya hechas», o sea, oraciones escritas por otras personas.

Sin embargo, aunque yo me quedara tan perplejo como usted, a mí, a diferencia de lo que le ocurrió a usted, no me causó repulsión. La primera razón es que yo tuve, y usted no, la suerte de conocerla. No se equivoque. Ella era la persona correcta, una de las personas más plenamente civilizadas que yo haya conocido jamás. La segunda razón, como le he dicho a menudo, es que usted es un fanático. ¡Ensanche su mente, Malcolm, ensanche su mente! Hacer un mundo, o una iglesia, requiere toda clase de personas. Esto tal vez sea más cierto, incluso, para el caso de una iglesia. Si la gracia perfecciona la naturaleza, debe enriquecer todas nuestras naturalezas hasta alcanzar la plena riqueza de la diversidad en que Dios pensó cuando las hizo, y el cielo exhibirá una variedad mucho mayor que el infierno. «Un solo rebaño» no significa un consorcio. Las rosas y los narcisos cultivados ya no son igual que las rosas y narcisos silvestres. Lo que más me gustó de la misa ortodoxa griega que una vez oí fue que no parecía haber ninguna conducta prescrita para la congregación. Unos estaban de pie, otros de rodillas, otros sentados, y otros paseaban. Uno se arrastraba por el suelo como una oruga. La belleza de todo ello residía en que nadie prestaba atención a lo que hacían los demás. Me gustaría que los anglicanos siguiéramos su ejemplo. Conozco a gente que se descompone porque, en el banco de delante, alguien se santigua o no se santigua. No deberían siquiera mirar, y mucho menos censurar. «¿Quién eres tú para juzgar al criado ajeno?» (Ro 14:4).

No dudo, pues, que el método de Rose Macaulay sea el adecuado para ella. Para mí no lo sería, y tampoco lo sería para usted.

A pesar de todo, en este asunto no soy el purista que solía ser. Durante muchos años después de mi conversión, no empleé nunca fórmulas ya hechas salvo el Padre Nuestro. De hecho, traté de orar sin palabras en absoluto, de no verbalizar los actos mentales. Creo que, hasta al orar por otras personas, trataba de evitar sus nombres, y las sustituía por las imágenes de cada una de ellas. Todavía sigo pensando que la oración sin palabras, si realmente se puede llevar a cabo, es la mejor. Sin embargo, ahora me doy cuenta de que, al intentar convertirla en mi pan de cada día, confiaba en contar con una fuerza mental y espiritual mayor de la que tengo. Para que la oración sin palabras tenga éxito se precisa estar «en la cima de la propia condición». En caso contrario, los actos mentales se convierten en actos meramente imaginativos o emocionales, y una emoción fabricada es un asunto despreciable. Cuando llegan los momentos felices, cuando Dios nos capacita verdaderamente para orar sin palabras, ¿quién sino un necio rechazaría el obsequio? Sin embargo, Dios no da ese regalo —en todo caso, a mí no— día tras día. Mi error ha sido lo que Pascal, si no recuerdo mal, llama «error del estoicismo»: pensar que lo que podemos hacer algunas veces podemos hacerlo siempre.

Como puede ver, esto hace que la elección entre las oraciones ya hechas y las oraciones con palabras propias sea menos importante para mí de lo que, al parecer, es para usted. Para mí, las palabras son, en todo caso, secundarias. Son solo un soporte; o, si se me permite expresarlo así, son los movimientos de la batuta del director, no la música. Sirven para canalizar la adoración, la acción de gracias, la penitencia o la petición, que sin ellas, y teniendo en cuenta cómo es nuestra mente, podrían difuminarse hasta convertirse en charcos extensos y someros. No importa demasiado quién fue el primero en reunirlas. Si son nuestras propias palabras, no tardarán mucho, mediante inevitable repetición, en endurecerse hasta convertirse en una fórmula. Si son las de algún otro, verteremos continuamente en ellas nuestro propio significado.

Ahora creo que lo mejor —los hábitos de las personas cambian y, a mi juicio, deben cambiar— es hacer que «mis propias palabras» sean el tema principal, pero introduzco algunas oraciones ya hechas.

Cuando le escribo a usted, no necesito subrayar la importancia de un sencillo tema central. Como dijo Salomón en la consagración del templo: cada hombre que ora conoce «el tormento de su corazón». Y también el consuelo. Ninguna otra criatura es idéntica a mí, ninguna otra situación es como la mía. La verdad es que tanto yo como mi situación estamos en continuo cambio. Una fórmula ya hecha no puede servir para mi relación con Dios, y tampoco podría servir para mi relación con usted.

Esto es evidente. Tal vez no me resulte fácil convencerle de que la parte ya hecha tiene también su utilidad; quiero decir para mí (no estoy proponiendo reglas para ninguna otra persona del mundo).

En primer lugar, permite mantenerse en contacto con «la sana doctrina». Dejados a nosotros mismos, podríamos deslizarnos fácilmente desde «la fe que ha sido transmitida a los santos de una vez por todas» (Jud 3) hasta ese fantasma llamado «mi religión». En segundo lugar, me recuerda «qué hemos de pedir como conviene» (de modo especial, tal vez, cuando oro por otras personas). La crisis del momento presente, como la oficina de telégrafos más próxima, cobrará la mayor importancia. ¿No existe el peligro de que nuestras grandes y permanentes necesidades objetivas —a menudo más importantes— puedan quedar desplazadas? A propósito, esa es otra cosa que se debe evitar en un Libro de Oraciones revisado. «Los problemas contemporáneos» pueden reclamar una excesiva participación que es indebida, y cuanto más a la moda esté el Libro de Oraciones, antes se volverá anticuado.

Finalmente, proporciona un elemento del ceremonial. En su opinión, eso es precisamente lo que no necesitamos. A mi juicio, es parte de lo que necesitamos. Yo entiendo lo que usted quiere decir cuando afirma que servirse de oraciones ya hechas sería «como enamorar a la propia esposa con algo de Petrarca o Donne». (A propósito, ¿no podría usted citarlos para una esposa tan literaria como Betty?). Esa comparación no nos sirve.

Estoy totalmente de acuerdo en que la relación entre Dios y el hombre es más privada e íntima que cualquier posible relación entre dos criaturas. Sí, pero al mismo tiempo, hay, en otro sentido, una gran distancia entre los participantes. Nos estamos aproximando, no diré «al Completamente Otro», pues sospecho que eso no tiene sentido, sino al Inimaginable y Absolutamente Otro. Debemos tener conciencia —espero que a veces la tengamos— de la estrechísima proximidad y, a la vez, de la infinita distancia. Usted hace las cosas extremadamente cómodas y confiadas. Su analogía amorosa necesita ser complementada con la expresión «caí como muerto a sus pies» (Ap 6:11).

Creo que el ambiente de Baja Iglesia en que crecí contribuía a estar muy cómodo y tranquilo en Sión. Según me han contado, mi abuelo solía decir que esperaba tener conversaciones muy interesantes con san Pablo cuando estuviera en el cielo. ¡Dos caballeros clericales hablando tranquilamente en un club! Nunca pareció cruzar por su mente la idea de que un encuentro con san Pablo podía ser, más bien, una abrumadora experiencia incluso para un pastor evangélico de buena familia. Sin embargo, cuando Dante vio a los grandes apóstoles en el cielo, le impresionaron como *montañas*.

Hay mucho que decir contra la devoción a los santos; pero al menos continúan recordándonos que somos muy pequeños comparados con ellos. ¡Cuánto más pequeños no seremos delante de su Maestro!

Unas pocas oraciones convencionales, ya hechas, me sirven como remedio para la —llamémosle así— desfachatez. Hacen que perdure un extremo de la paradoja. Solo un extremo, por supuesto. Sería mejor no ser reverente que tener un tipo de reverencia que negara la proximidad.

III

¡OH, POR PIEDAD! ¡Usted también, no! ¿Por qué tiene que sacar a relucir la monserga acerca de la «santidad» del sexo y comenzar a reprenderme, como si yo fuera un maniqueo, por hacer una objeción al paralelismo que estableció entre la oración y enamorar a la propia esposa? Sé que hoy día, en la mayoría de los círculos, basta con que alguien mencione el sexo para que todos los que se hallen en el lugar comiencen a despedir este gas. Pero esperaba que usted no. ¿No dejé claro de manera evidente que la objeción a su imagen se debía exclusivamente a que era indiferente o insolente?

No estoy diciendo nada en contra (ni a favor) del «sexo». En sí mismo el sexo no puede ser más moral o inmoral que la gravitación o la nutrición. Es el comportamiento sexual de los seres humanos el que sí puede serlo. Y, lo mismo que el económico, el político, el agrícola, el paternal o el filial, a veces es bueno y a veces malo. El acto sexual, cuando es legítimo —lo cual significa principalmente cuando es consecuente con la fe y el amor—, puede ser hecho, como los demás actos meramente naturales («ya sea que comáis, que bebáis, o que hagáis cualquier otra cosa», como dice el apóstol [1 Co 10:31]) para gloria de Dios, en cuyo caso será santo. Y, como los demás actos naturales, *a veces* se hace así y a veces no. Tal vez sea esto lo que el pobre obispo de Woolwich intentaba decir. En todo caso, ¿qué más se puede decir sobre el particular? ¿Podemos quitar ahora este obstáculo de en medio? Me sentiría feliz si pudiera hacerlo, pues los modernos han realizado la proeza, que yo había considerado imposible, de hacer que el asunto entero sea una lata. ¡Pobre Afrodita! ¡Le han borrado de la cara la sonrisa homérica!

Por lo visto, soy culpable de haber introducido una nueva dificultad al mencionar la devoción a los santos. Nada más lejos de mi propósito que provocar una discusión sobre este asunto. Hay, evidentemente, razones teológicas para defenderla. Si necesitamos las oraciones de los vivientes, ¿por qué no vamos a necesitar las de los muertos? Como es obvio, hay en ello también un gran peligro. En ciertas prácticas populares, se puede ver cómo esa clase de devoción desemboca en un cuadro totalmente absurdo del cielo, que es considerado como un tribunal terreno en que los solicitantes se muestran como personas juiciosas que recurren a las influencias correctas, descubren los mejores «cauces» y se unen a los grupos de presión más influyentes. Nada tengo que ver con todo esto. No pienso en adoptar esa clase de prácticas, y ¿quién soy yo para juzgar las prácticas de los demás? Espero tan solo que no haya intrigas para las canonizaciones en la Iglesia de Inglaterra. ¿Puede imaginarse un semillero mejor para provocar todavía más divisiones entre nosotros?

Lo que resulta consolador es que, a pesar de que el cristianismo está dividido acerca de la racionalidad, e incluso de la legitimidad, de orar *a* los santos, todos estamos de acuerdo en la legitimidad de orar *con* ellos. «Con ángeles y arcángeles y todos los bienaventurados del cielo». ¿Lo cree usted? Solo recientemente hice de esta cita una parte de mis oraciones privadas. La adornaba con esta otra: «Santificado sea tu nombre». Esto, dicho sea de paso, ilustra lo que decía la semana pasada acerca del uso de fórmulas ya hechas. Sirven para recordarnos una. Yo he descubierto en esta cita un gran enriquecimiento. Teóricamente uno acepta este *con* siempre. Pero es totalmente distinto llevarlo a la conciencia en el momento adecuado y querer que el insignificante gorjeo propio se asocie con la voz de los santos y (así lo esperamos) de nuestros seres queridos muertos. Ellos pueden ahogar algunas de las cualidades más desagradables y hacer resaltar cualquier minúsculo valor que tenga.

Tal vez usted diga que la distinción entre la comunión de los santos, tal como yo la descubro en este acto, y las oraciones maduras a los santos no es, después de todo, muy grande. Tanto mejor si es así. A veces tengo el sueño luminoso de una reunión que nos sumerge inconscientes, como una gran ola que viene detrás de nuestras espaldas, en el preciso momento en que nuestros representantes oficiales están afirmando que es imposible. Las discusiones nos suelen separar; las acciones nos unen a veces.

Cuando hablaba de oración sin palabras, no me refería a algo tan elevado como lo que los místicos llaman «oración de silencio». Y cuando hablaba de estar «en la mejor forma posible», no me refería a la forma en sentido puramente espiritual. Entraba también la condición del cuerpo, pues supongo que un hombre puede estar en gracia y, sin embargo, tener mucho sueño.

Y, hablando de somnolencia, estoy completamente de acuerdo con usted en que nadie en sus cabales, si tiene poder de ordenar su actividad diaria, reservará las principales oraciones para la hora de acostarse, que es, obviamente, la peor hora para cualquier actividad que requiera concentración. El problema está en que a miles de personas desafortunadas les resulta muy difícil encontrar otra. Incluso para nosotros, que estamos entre los afortunados, no siempre es fácil. Mi plan, cuando estoy muy apremiado, es aprovechar cualquier tiempo y lugar, por incómodo que sea, antes que esperar al momento de vigilia. Un día de viaje, en el que seguramente hay alguna reunión desagradable al final, prefiero orar en un tren atestado que posponerlo para la medianoche, cuando llego a la habitación del hotel con dolor de cabeza, la garganta seca y la mente en un estado de atontamiento y parcialmente confusa. Otro día, algo menos sobrecargado, oro en el banco de un parque o en una calle poco transitada en la que se puede andar de un lado a otro.

Un hombre al que le estaba explicando esto me dijo: «¿Por qué no entra en una iglesia?». En parte, porque, durante nueve meses al año, las iglesias están glacialmente frías, pero, además, porque no tengo suerte con las iglesias. Tan pronto como entro en una y sosiego mi mente, ocurre una de estas dos cosas. O bien alguien comienza a hacer ejercicios de órgano, o bien desde ningún sitio aparece, con pisada resuelta, una pía mujer calzando botas con elástico a los lados que transporta estropajo, cubo y recogedor, y empieza a golpear las almohadillas de los pies, a envolver alfombras y a ordenar los floreros. Que Dios la bendiga, pues «el trabajo es oración» y su *oratio* puesta por obra probablemente sea diez veces más valiosa que mi oración hablada. Pero nada de eso contribuye a hacer que la mía tenga más valor.

Cuando se ora en lugares extraños y a horas desacostumbradas, no es seguro que podamos arrodillarnos. No diré que esto no importe. El cuerpo debe orar tanto como el alma. Ambos deben estar en las mejores condiciones para la oración. Bendito sea el cuerpo. El mío me ha metido en muchos embrollos, pero yo lo he metido a él en muchos más. Si la imaginación fuera obediente, los apetitos nos darían muy pocos problemas. ¡De cuántos me ha librado a mí! Y a no ser por el cuerpo, un reino entero de la gloria de Dios —todo lo que recibimos a través de los sentidos— quedaría sin ser alabado, pues las bestias no pueden apreciarlo, y los ángeles son, según creo, puras inteligencias. *Entienden* los colores y los sabores mejor que los más grandes científicos, pero ¿tienen retina o paladar? Creo que las «bellezas de la naturaleza» son secretos que Dios ha compartido solamente con nosotros. Esa es tal vez una de las razones por las que hemos sido creados (y por las que la resurrección de la carne es una importante doctrina).

Pero estoy haciendo una digresión. ¡Tal vez sea debido a que todavía sienta irritación por la acusación de ser un maniqueo! La cuestión relevante es que arrodillarse sí importa, pero otras cosas importan todavía más. La mente concentrada, estando sentado, contribuye a hacer mejor la oración que estar arrodillado con la mente medio dormida. Hay ocasiones en que estar sentado es la única alternativa. (Debido a la osteoporosis, yo mismo apenas si puedo arrodillarme en la mayoría de los lugares).

Un sacerdote me dijo en cierta ocasión que el compartimento de un tren, si disponemos de uno, es un lugar extraordinariamente bueno para orar, «pues en él se da la cantidad justa de distracción». Cuando le pedí que se explicara, me dijo que el silencio y la soledad completos nos dejan más abiertos a las distracciones que vienen de dentro, y que una moderada cantidad de distracción externa era más fácil de manejar. A mí personalmente no me sucede eso, pero puedo entender que pase.

El hijo de Jones se llama Cirilo, aunque no puedo entender por qué usted considera tan importante, para orar por los demás, emplear el nombre de pila. Supongo que Dios conoce también los apellidos. Me temo que, en mis oraciones, mucha gente aparece como «el anciano de Crewe» o «la camarera» o incluso como «ese hombre». Se puede haber olvidado sus nombres, o tal vez no haberlos conocido nunca, y sin embargo recordar cuánto necesitan que se ore por ellos.

La próxima semana no habrá carta. Estaré de lleno en los exámenes.

IV

DE LAS DOS dificultades que menciona, creo que solo una es con frecuencia un problema práctico para los creyentes. La otra, a juzgar por mi experiencia, es suscitada únicamente por personas que atacan al cristianismo.

La ocasión ideal para sus ataques, cuando conocen el evangelio, es el texto de la carta a los Filipenses en el que se habla de que «sean presentadas vuestras peticiones delante de Dios» (4:6). Quiero decir que las palabras «sean presentadas» hacen resaltar más claramente el disparate del que nos acusan. Los cristianos decimos que Dios es omnisciente, pero muchas oraciones parecen consistir en darle información. La verdad es que nuestro Señor también nos ha recordado que no debemos orar como si olvidáramos la omnisciencia («porque vuestro Padre sabe de qué cosas tenéis necesidad» [Mt 6:8]).

Esto resulta decisivo contra una clase muy absurda de oración. He oído a un hombre elevar una oración por una persona enferma que venía a ser, realmente, un diagnóstico seguido de la opinión sobre cómo trataría Dios al paciente. Y he oído oraciones ofrecidas nominalmente por la paz, pero tan interesadas en las diferentes estrategias que el peticionario consideraba medios para conseguir la paz que quedaban sujetas a la misma crítica.

Pero la objeción de los no creyentes sigue aun cuando se elimina esa clase de oración. Confesar nuestros pecados delante de Dios es, ciertamente, decirle lo que Él sabe mucho mejor que nosotros. Y, asimismo, cualquier petición es una forma de revelar. Si bien no excluye estrictamente la creencia en que Dios sabe nuestras necesidades, parece al menos solicitar su atención. Ciertas fórmulas tradicionales dejan muy clara esta implicación: «Escúchanos, buen Señor», o «Deja que tus oídos consideren la voz de mi lamento». Estas palabras sugieren que, aunque Dios no necesita ser informado, sí necesita, y con bastante frecuencia, que se le recuerden las cosas. Sin embargo, no podemos creer realmente que en la Mente Absoluta existan grados de atención —y, consiguientemente, grados de desatención— ni una cosa como el olvido. Supongo que lo único que me mantiene (y mantiene a cualquier otra cosa) en la existencia es la atención de Dios.

¿Qué estamos haciendo, pues, realmente? Nuestra concepción completa de la situación de oración, si se me permite llamarla así, depende de la respuesta.

Somos conocidos por Dios completamente y, en consecuencia, por igual. Ese es nuestro destino, tanto si nos gusta como si no. Pero aunque el conocimiento de Dios no cambie nunca, sí puede cambiar la cualidad del ser que es conocido. Una escuela de pensamiento sostiene que «da libertad es la necesidad querida». No importa que sea verdad o no. Necesito esta idea solo como analogía. Por lo general, ser conocido por Dios es estar, para este propósito, en la categoría de las cosas. Somos, como las lombrices, las coles y las nebulosas, objetos del conocimiento divino. Pero cuando (a) nos percatamos del hecho —el hecho presente, no la generalización— y (b) consentimos con toda nuestra voluntad en ser conocidos de ese modo, entonces nos tratamos a nosotros mismos, en relación con Dios, no como cosas, sino como personas. Nos quitamos el velo. No importa que no haya velo que pueda confundir su visión. El cambio se produce en nosotros. Lo pasivo se convierte en activo. En vez de ser meramente conocidos, nos mostramos, nos anunciamos, nos ofrecemos a su mirada.

Ponernos en relación personal con Dios no podría ser, en sí mismo y sin justificación, nada más que presunción e ilusión. Pero se nos ha enseñado que no es eso, que es Dios el que establece esa relación con nosotros, pues exclamamos: «Padre» gracias al Espíritu Santo. Quitándonos el velo, confesando nuestros pecados y presentando nuestras peticiones, adoptamos el elevado rango de personas delante de Él. Y Él, descendiendo, se hace Persona para nosotros.

No debería haber dicho «se hace», pues en Él no es posible ninguna forma de hacerse. Él se revela como Persona: o revela lo que en Él es Persona. La razón está en que —¿hace falta decir que en un libro es necesario que haya páginas de calificación y garantía?— Dios es de algún modo para el hombre como el hombre es para Dios. La puerta de Dios que se abre es aquella a la que él golpea (al menos, lo creo así, habitualmente). La persona en Él —pues Él es más que una persona— recibe a aquellos que pueden acogerla o, al menos, mirarla. Él habla como un «Yo» cuando nosotros le llamamos sinceramente «Tú». (¡Qué grande es Buber!).

Hablar de «recibir» es, indudablemente, una forma de antropomorfismo. Significaría algo así como que Dios y yo podríamos mirarnos como dos criaturas, cuando la realidad es que Él está por encima de mí y dentro de mí y debajo de mí y en torno a mí por todas partes. Esa es la razón por la que la palabra «recibir» tiene que ser equilibrada con toda clase de abstracciones metafísicas y teológicas. Lo cual no significa, ni en esto ni en ninguna otra cosa, que sea lícito pensar que las imágenes antropomórficas sean una concesión a nuestra debilidad, y las abstracciones la verdad literal. Ambas son concesiones por igual. Cada una de ellas aisladamente es engañosa, y las dos juntas se corrigen recíprocamente la una a la otra. A menos que nuestra actitud hacia ella sea mesurada; a menos que estemos murmurando continuamente «tampoco así, tampoco así es este Tú», la abstracción es fatal. Convierte en algo inanimado la vida de las vidas y en algo impersonal el amor de los amores. La imagen *ingenua* es perniciosa en la medida en que impide que los no creyentes se conviertan. A los creyentes no les hace ningún daño, ni siquiera en su forma más tosca. ¿Qué alma ha perecido jamás por creer que Dios Padre tiene barba?

La otra cuestión que planteaba tiene realmente influencia, creo yo, en las personas devotas. Era, como recordará, la siguiente: «¿Qué importancia debe tener una necesidad o un deseo para que podamos convertirla debidamente en objeto de una petición?». Considero que *debidamente* significa aquí «sin que sea irreverente», o «sin que sea una simpleza», o ambas cosas.

Tras haber pensado un poco sobre el asunto, me parece que hay realmente dos preguntas implicadas.

1. ¿Qué importancia ha de tener un objeto para que podamos, sin cometer pecado ni incurrir en extravagancia, permitir a nuestro deseo de alcanzarlo que lo convierta en asunto que nos interese seriamente? Esta pregunta concierne, como puede ver, a lo que los viejos escritores llaman nuestra «estructura», es decir, nuestra «estructura mental».

2. Dada la existencia en nuestra mente de un interés serio como el referido, ¿puedo exponérselo siempre y debidamente a Dios en nuestras oraciones?

Todos sabemos en teoría la respuesta a la primera de las preguntas. Tenemos que apuntar a lo que san Agustín (¿es él?) llama «amores ordenados». Nuestro interés más profundo debería tener por objeto las cosas primeras; el que le siguiera en profundidad, las segundas, y así hasta llegar a cero, es decir, a la total ausencia de interés por cosas que no son realmente buenas, ni medios de ningún tipo para el bien.

Entretanto quisiéramos saber, sin embargo, no cómo deberíamos orar si fuéramos perfectos, sino cómo debemos orar siendo como somos. Si es aceptada mi idea de orar como «revelar», ya hemos respondido esta cuestión.

Es inútil pedir A a Dios con artificial gravedad, cuando toda nuestra mente está realmente llena del deseo de alcanzar B. Debemos exponer a Dios lo que está en nosotros, no lo que debe estar en nosotros.

Incluso a un íntimo amigo humano lo tratamos mal si le hablamos de una cosa cuando nuestra mente está realmente puesta en otra, e incluso un amigo humano se dará cuenta pronto de que lo estamos haciendo así. Usted mismo vino a verme hace unos años, en un momento en que me había ocurrido una gran desgracia. Yo intenté hablarle como si no pasara nada. Usted lo entrevió a los cinco minutos. Entonces confesé. Y usted dijo cosas que me avergonzaron de mi intento de ocultación.

Tal vez ocurra que el deseo pueda ser expuesto a Dios solo como un pecado del que nos arrepentimos, pero uno de los mejores modos de saberlo es exponerlo a Dios. Su problema, sin embargo, no se refería a deseos pecaminosos en este sentido, sino, más bien, a deseos intrínsecamente inocentes, que se vuelven pecaminosos, cuando lo hacen, tan solo por ser más fuertes que la trivialidad de su justificación del objeto. Yo no tengo la menor duda de que, si son objetos de nuestro pensamiento, tienen que serlo también de nuestras oraciones, ya en la de penitencia, ya en la de petición o en ambas: penitencia por el exceso, petición de aquellas cosas que deseamos.

Si se los excluye violentamente, ¿no arruinan el resto de nuestras oraciones? Si ponemos todas las cartas sobre la mesa, Dios nos ayudará a moderar los excesos. Sin embargo, la presión de las cosas que tratamos de evitar que se metan en nuestra mente es una distracción irremediable. Como alguien ha dicho: «Ningún ruido es tan fuerte como el que no queremos oír».

Una estructura mental ordenada es una de las bendiciones que debemos pedir, no un disfraz que debamos ponernos cuando oramos.

Y, así como aquellos que no se dirigen a Dios en las pequeñas tribulaciones carecerán de hábito y de recursos para mitigar las grandes cuando se presenten, los que no han aprendido a pedirle cosas pueriles carecerán seguramente de toda disposición para pedirle cosas grandes. No debemos ser demasiado arrogantes. Supongo que en ocasiones podemos ser disuadidos de hacer pequeños ruegos por un sentido de nuestra propia dignidad, más que por la dignidad de Dios.

V

NO ME AGRADA demasiado la tarea de decirle «más acerca de mis festones» (las alusiones personales que doy a ciertas peticiones). Pongo dos condiciones para hacerlo: (a) que usted me diga a cambio algunos de los suyos, (b) que entienda que no tengo la menor pretensión de *recomendar* los míos ni a usted ni a nadie. Habrá muchos que sean mejores, y mis festones actuales muy probablemente cambiarán.

A propósito, los llamo «festones» porque no destruyen (confío) el sencillo y público sentido de la petición, sino que sencillamente dependen de ella.

Lo que yo hago respecto de «santificado sea tu nombre» lo dije hace quince días.

Venga a nosotros tu reino. Es decir, que tu reino se realice aquí como se realiza allí. Sin embargo, yo me inclino a considerar *allí* en tres niveles. Primero, como se emplea para referirse al mundo más allá de los horrores de la vida animal y humana, en el comportamiento de las estrellas, los árboles y el agua, en la salida del sol y el viento. Tal vez haya *aquí* (en mi corazón) el comienzo de una belleza semejante. En segundo lugar, como se emplea para referirse a las mejores vidas humanas que he conocido: en las personas que soportan realmente las cargas y proclaman la verdad, personas a las que llamamos buenas; y en la vida tranquila, laboriosa y ordenada de las familias realmente buenas y los hogares religiosos verdaderamente buenos. Ojalá que esto esté también «aquí». Finalmente, por supuesto, como se emplea en el sentido usual: en el cielo tanto como entre los muertos glorificados.

Y *aquí* puede ser tomado, por supuesto, no solo en el sentido de «en mi corazón», sino en el de «en este colegio universitario» —en Inglaterra— y en el mundo en general. Pero la oración no es el momento para insistir en nuestra panacea social o política favorita. Ni siquiera a la Reina Victoria le gustaba que «se le hablara como si fuera una reunión pública».

Hágase tu voluntad. Mis festones sobre esto se han añadido gradualmente. En principio lo consideré exclusivamente como un acto de sumisión, intentando hacer con ello lo que nuestro Señor hizo en Getsemaní. Yo consideraba la voluntad de Dios exclusivamente como algo que podría caer sobre mí, algo respecto de lo cual yo debería ser el paciente. Y, asimismo, la consideraba como una voluntad que se personificaría en dolores y desengaños. No se trata, ciertamente, de que creyera que la voluntad de Dios consiste únicamente en cosas desagradables. Pero sí pensaba que era solo lo desagradable lo que necesitaba esta preliminar sumisión. Lo agradable podría buscarse temporalmente, y, cuando apareciera, uno podría dar gracias.

Supongo que esta interpretación es la más común. Y así debe ser. Son tales las miserias de la vida humana, que a menudo deben ocupar por completo nuestra mente, si bien en otros momentos se pueden añadir otros significados. Yo mismo añadí uno más.

Confieso que el pretexto para ello es mucho más obvio en la versión inglesa que en la griega o la latina. No importa: en esto es en lo que la libertad de festonear entra en juego. «*Hágase* tu voluntad». Buena parte tienen que hacerlo las criaturas de Dios, incluyéndome a mí. La petición, pues, no es meramente que yo pueda sufrir con paciencia la voluntad de Dios, sino también que pueda cumplirla enérgicamente. Tengo que ser un agente tanto como un paciente. Pido que se me capacite para cumplirla. A la larga, pido que se me den «los mismos sentimientos que hubo también en Cristo Jesús» (Fil 2:5).

Consideradas de este modo, creo que las palabras tienen una aplicación diaria más corriente, pues no siempre hay —o no siempre tenemos razones para suponer que hay— una gran aflicción asomando en el futuro, aunque siempre hay deberes que hacer. En mi caso, hay por lo general deberes desatendidos que he de poner al día. En este momento, «*hágase* tu voluntad» significa para mí ir al grano.

Pero más que eso, en este preciso momento estoy considerando un nuevo festón. Dígame si cree que es una vana sutileza. Comienzo a percibir que necesitamos un acto de sumisión preliminar, no solo para aceptar posibles aflicciones futuras, sino también para acoger posibles bendiciones futuras. Sé que esto suena fantástico, pero piénselo bien. Me parece que a menudo rechazamos, casi con mal humor, el bien que Dios nos ofrece porque, en ese momento, esperábamos algún otro bien. ¿Entiende lo que quiero decir? En todos los niveles de nuestra vida —en nuestra experiencia religiosa, en nuestra experiencia gastronómica, amorosa, estética y social— volvemos siempre a alguna ocasión que nos parecía que alcanzaba la perfección, erigiéndola como norma y despreciando, por comparación, todas las demás. Pero esas otras ocasiones, imagino ahora, están a menudo llenas de sus propias bendiciones nuevas si nos abrimos a ellas. Dios nos muestra un nuevo aspecto de la gloria, y nosotros nos negamos a mirarlo porque seguimos buscando el viejo. Y, como es lógico, no lo encontramos. A la vigésima lectura no se puede volver a tener la experiencia de la lectura de *Lycidas* que se hizo la primera vez; pero lo que se obtiene puede ser bueno a su modo.

Esto se aplica de manera especial a la vida de piedad. Muchas personas religiosas lamentan que se haya extinguido el primitivo fervor del momento en que se convirtieron. Piensan —a veces con razón, aunque yo creo que no siempre— que es debido a sus pecados. Pueden intentar incluso, mediante tristes esfuerzos de la voluntad, restaurar lo que ahora les parece que fueron días dorados. Sin embargo, ¿estuvieron alguna vez estos fervores —la palabra clave es *estos*— destinados a durar?

Sería apresurado decir que hay alguna plegaria que Dios no atiende *nunca*. Sin embargo, la candidata más segura es la plegaria que se podría expresar con el sencillo término *repetición.* ¿Cómo podría el Infinito repetirse? El espacio y el tiempo son demasiado pequeños para que pueda revelarse en ellos *una sola vez.*

Y el chiste, o la tragedia, de todo esto es que esos dorados momentos del pasado, que son angustiosos si los erigimos en norma, son extraordinariamente alentadores, saludables y encantadores si nos complace aceptarlos como lo que son, como recuerdos. Debidamente alojados en un pasado que no intentamos miserablemente reproducir, rendirán exquisitos frutos. No toques los bulbos y brotarán nuevas flores. Arráncalos y espera, acariciando y oliendo, obtener las flores del último año, y no obtendrás nada. «Si el grano de trigo no cae en la tierra y muere...» (Jn 12:24).

Supongo que todos hacemos casi lo mismo con la plegaria por *el pan nuestro de cada día.* El pan nuestro de cada día significa, entiendo yo, todo lo que necesitamos cada día, «las cosas indispensables y necesarias tanto para el cuerpo como para el alma». Me desagradaría hacer de esa frase algo «puramente religioso» pensando solo en necesidades «espirituales». Una de sus utilidades es, a mi juicio, recordarnos que lo que Burnaby llama visión *ingenua* de la oración está firmemente fundamentado en la enseñanza de nuestro Señor.

Perdónanos [...] como nosotros perdonamos. Por desgracia, sobre esto no es preciso hacer festones. Perdonar por un momento no es difícil; pero seguir perdonando la misma ofensa cada vez que nos acordamos de ella, he ahí la verdadera lucha. Mi procedimiento es buscar alguna acción mía que esté sujeta a la misma acusación que aquella por la que estoy ofendido. Si todavía me produce irritación recordar cuánto me decepcionó A, tengo que seguir recordando cuánto decepcioné yo a B. Si me resulta difícil perdonar a los que me intimidaron en la escuela, tendré que recordar, en ese mismo momento, a aquellos a los que yo intimidé y orar por ellos. (Naturalmente, nosotros no lo llamábamos intimidar. En eso es en lo que las oraciones sin palabras pueden ser tan útiles. En ellas no hay nombres, por tanto, tampoco seudónimos).

Nunca me han causado inquietud las palabras *no nos dejes caer en tentación*; pero a muchas de las personas que tienen correspondencia conmigo, sí. A estas personas las palabras les sugieren lo que alguien ha llamado «una concepción perversa de Dios», que sería un ser que primero nos prohíbe ciertos frutos, y después nos induce a probarlos. Pero la palabra griega ($\pi\epsilon\iota\rho\alpha\sigma\mu\acute{o}\varsigma$) significa «prueba» —«circunstancias difíciles»— de cualquier tipo. Es, por tanto, mucho más amplia que nuestra palabra «tentación». Así pues, la petición significa esencialmente: «Haz que nuestra senda sea recta. Líbranos, siempre que sea posible, de todos los momentos críticos, ya sean momentos de tentación o de aflicción». A propósito, usted mismo me hizo, aunque sin duda lo ha olvidado, una excelente glosa de esas palabras hace años, en una taberna de Coton. Usted dijo que añadían una especie de cautela a todas nuestras oraciones anteriores. Sería como si dijéramos: «Debido a mi ignorancia, he pedido A, B y C. Pero no me los des si prevés que serán realmente trampas o pesares para mí». Y citaba a Juvenal, *numinibus vota exaudita malignis,* «inmensas plegarias que el cielo atiende con creces». La verdad es que oramos muchas plegarias así. Si Dios hubiera atendido todas las absurdas peticiones que he hecho en mi vida, ¿dónde estaría yo ahora?

Yo no empleo a menudo las palabras *el reino, el poder y la gloria.* Cuando lo hago, tengo una idea del *reino* como soberanía *de jure;* Dios, por su bondad, tendría derecho a mi obediencia aun cuando no tuviera poder. El *poder* es la soberanía *de facto:* Dios es omnipotente. Y la *gloria* es... Ah, la gloria, la «belleza tan vieja y tan nueva», la «luz de detrás del sol».

VI

NO PUEDO RECORDAR exactamente lo que dije acerca de no convertir la petición del pan nuestro de cada día en algo demasiado «religioso», y no estoy seguro de lo que usted quiere decir —ni si lo dice irónicamente— cuando pregunta si me he convertido en «uno de los jóvenes de Vidler».

Primero me ocuparé de Vidler. No he oído nunca el programa que ha armado todo este escándalo, y, como es natural, no se debería censurar a un sinvergüenza por recortes de periódico. Pero he leído ahora su ensayo en *Soundings*, y creo que coincido con él mucho más que usted. Muchas de las citas que hace de F. D. Maurice y Bonhoeffer me parecen muy buenas; y también lo son, a mi parecer, sus argumentos en favor de la Iglesia Anglicana.

En todo caso, puedo entender muy bien que un hombre que intenta amar a Dios y a su prójimo llegue a tener aversión por la palabra *religión*; una palabra, dicho sea de paso, que rara vez aparece en el Nuevo Testamento. Newman hace que se me hiele la sangre cuando dice, en uno de los *Sermones parroquiales*, que el cielo es como una iglesia porque en ambos «un único objeto supremo, religión, es puesto delante de nosotros». Olvida que en la nueva Jerusalén no hay templo.

Vidler ha sustituido *religión* por Dios, algo así como si navegación fuera sustituida por llegada, o batalla por victoria, o cortejar por matrimonio, o en general los medios por el fin. Pero, incluso en la vida presente, hay un peligro en el mismo concepto de *religión*. Produce la sugestión de que la religión es un departamento más de la vida, un departamento adicional añadido al económico, el social, el intelectual, el recreativo y todos los demás. Pero aquello cuyas exigencias son infinitas no puede tener categoría de departamento. O bien es una ilusión o bien nuestra vida entera está incluida en él. No tenemos actividades no religiosas; solamente religiosas e irreligiosas.

Sin embargo, la religión parece existir como un departamento, y, en ciertas épocas, parece tener éxito como tal. Tiene éxito, en parte, porque en muchas personas existe un «amor a las prácticas religiosas», que Simone Weil considera acertadamente, creo yo, como un gusto meramente natural. Existe asimismo —Vidler es bastante bueno sobre esto— un deleite en la organización religiosa (como en cualquier otra). Además, todas las clases de intereses estéticos, sentimentales, históricos y políticos están delineados en ella. Finalmente, ventas de labores, la revista parroquial, tañidos de campana y Santa Claus.

Nada de eso es malo. Pero ninguna de esas cosas tiene necesariamente más valor espiritual que las actividades que llamamos seculares, y son infinitamente peligrosas cuando esto no es entendido. Este departamento de la vida, denominado «sagrado», puede convertirse en un fin en sí mismo, en un ídolo que oculta a Dios y a mi prójimo. («Cuando los medios son autónomos, son perniciosos»). Puede suceder, incluso, que las acciones más genuinamente cristianas de un hombre dejen completamente fuera esa parte de su vida que llama *religiosa*.

Leo en un periódico religioso: «Nada es más importante que enseñar a los niños a hacer la señal de la cruz». ¿Nada? ¿Ni la compasión, ni la veracidad, ni la justicia? *Voilà l'ennemi*.

Es preciso, no obstante, andar con cautela, pues la verdad de que la religión, entendida como un departamento, no tiene realmente derecho a existir puede ser mal interpretada. Algunos concluirán que este ilegítimo departamento debe ser abolido. Otros, aproximándose más a la verdad, creerán que debe dejar de ser departamental y extenderse a la vida entera, pero lo interpretan mal. Piensan que eso significa que cada vez más negocios seculares deberían «empezar con la oración», que una piedad tediosamente clara debería infestar nuestra conversación, que no debería haber más tartas ni cervezas. Una tercera clase, consciente de que Dios gobierna una parte muy pequeña de sus vidas, y que «una religión departamental» no es buena, puede desesperar. A esos habría que explicarles cuidadosamente que ser «solo una parte» no es lo mismo que ser un departamento permanente. En todos nosotros, Dios ocupa «todavía» solo una parte. El día D fue solo hace una semana. El bocado hasta ahora quitado de Normandía aparece pequeño en el mapa de Europa. La resistencia es fuerte, las desgracias serias y los acontecimientos inciertos. Hemos de admitir que hay una línea de demarcación entre la parte de Dios en nosotros y la región del enemigo. Pero se trata, así lo espero, de una línea beligerante, no una frontera fijada mediante pacto.

Sospecho que el verdadero error de la conferencia de Vidler reside en otro sitio. Hemos estado hablando de *religión* como un modelo de conducta, la cual, si es departamental con satisfacción, no puede ser realmente una conducta cristiana. Pero la gente usa, cada vez con más frecuencia, *religión* también para significar un sistema de creencias. Cuando esa gente oye que Vidler quiere una iglesia con «menos religión», piensa que quiere decir que lo poco —lo muy poco— que la teología liberal ha dejado de la «da fe que ha sido transmitida a los santos de una vez por todas» (Jud 3) les iba a ser despojado. Esa es la razón por la que alguien preguntó: «¿Es Vidler teísta?».

Pues bien, ciertamente lo es. Quiere —creo que lo quiere seriamente— conservar algunas doctrinas cristianas. Pero está dispuesto a desechar otras muchas. «Doctrinas tradicionales» tienen que ser analizadas. Muchas cosas habrán de «pasar con el tiempo» o «sobrevivir fundamentalmente como arcaísmos o como historias de hadas». Se siente feliz con este indefinido programa de descartes porque confía en la guía ininterrumpida del Espíritu Santo. Una fe noble, siempre que exista, por supuesto, un ser como el Espíritu Santo. Pero imagino que su existencia es una de las «doctrinas tradicionales» que, según las premisas de Vidler, cierto día creemos haber superado. Lo mismo ocurriría con la doctrina —Vidler la llama «hecho»— de que el hombre es «una criatura doble, no solo una criatura política, sino también un ser espiritual». Vidler, usted y yo (y Platón) pensamos que eso es un hecho. Miles de personas, tal vez millones, creen que es una fantasía. La descripción neutra habla de ella como de «doctrina tradicional». ¿Cree usted que Vidler quiere decir que estas dos doctrinas —¿y por qué precisamente estas dos?— constituyen el núcleo duro de su fe, libre de la amenaza de rechazo que pende sobre todas las demás doctrinas? ¿O dice acaso, como da a entender el título del libro, que solo «hace sondeos», y que si la cuerda no es suficientemente larga para llegar al fondo, los sondeos solo pueden proporcionar información negativa al navegante?

Me ha interesado lo que usted ha dicho acerca de la frase *perdona nuestras ofensas*. Es indudable que, a menudo, hay algo determinado por lo que pedimos perdón. Es esta una sencilla navegación. Sin embargo, como le sucede a usted, yo descubro a menudo uno u otro de estos dos estados menos fáciles: o bien un vago sentimiento de culpa o bien una secreta e igualmente vaga autoaprobación. ¿Qué hacer con esto?

Muchos psicólogos modernos nos dicen que desconfiemos de este vago sentimiento de culpa como de algo puramente patológico. Y si se hubieran parado aquí, podría creerlos. Pero cuando continúan, como hacen algunos, aplicando el mismo tratamiento a cualquier sentimiento de culpa, sea el que sea, y sugiriendo que el sentimiento que despierta en nosotros una acción cruel particular o una concreta insinceridad es, asimismo, algo igualmente indigno de confianza, no puedo evitar pensar que están diciendo sinsentidos. Se ve que es así cuando miramos a otras personas. He hablado con algunas que se sentían culpables cuando efectivamente debían sentirse así. Estas personas se habían comportado como brutos y lo sabían. También he conocido a otras que se sentían culpables y, sin embargo, no lo eran según ninguno de los patrones que yo pueda aplicar. Y, en tercer lugar, he conocido a personas que eran culpables y no parecían sentirse como tales. ¿No es esto lo que tendríamos que esperar? Ciertas personas pueden ser *malades imaginaires* que están bien y piensan que están enfermos. Otras, especialmente destructivas, están enfermas y piensan que están bien. Una tercera clase, con diferencia la más numerosa, son aquellas personas que están enfermas y saben que lo están. Sería muy singular que hubiera alguna región en que todos los errores siguieran la misma dirección.

Algunos cristianos nos dirán que sigamos rebuscando y arañando hasta que encontremos algo específico. Podemos estar seguros, dicen, de que hay suficientes pecados reales para justificar el sentimiento de culpa o para vencer la sensación de que todo está bien. Creo que tienen razón al decir que, si buscamos durante el tiempo suficiente, hallaremos, o creeremos hallar, algo. Esto es, sin embargo, lo que despierta sospechas. Una teoría que no puede ser falsificada por la experiencia, difícilmente, y por la misma razón, podrá ser verificada. Y de igual modo que, cuando cedemos a la tentación, nos convencemos a nosotros mismos de que lo que siempre hemos considerado pecado, por una extraña razón, no lo es en esta ocasión, ¿no vamos a persuadirnos de que algo que siempre hemos considerado con razón inocente era realmente incorrecto? Podemos llegar a sentir escrúpulos, y los escrúpulos son siempre una mala cosa, aunque solo sea porque habitualmente nos apartan de los verdaderos deberes.

Desconozco por completo si tengo razón o no, pero, en general, he llegado a la conclusión de que no se puede *hacer* directamente nada con ninguno de estos dos sentimientos. Lo que se puede es no creer en ninguno de los dos. ¿Cómo se puede creer realmente en una confusión? Vuelvo a san Juan: «Si nuestro corazón nos reprocha algo, mayor que nuestro corazón es Dios» (1 Jn 3:20). Pero, igualmente, si nuestro corazón nos halaga, Dios es más grande que nuestro corazón. A veces no oro por lograr autoconocimiento en general, sino precisamente por tener en cada momento el autoconocimiento que pueda tener y usar en esa situación. La pequeña dosis diaria.

¿Tenemos alguna razón para suponer que el autoconocimiento total, en caso de que nos fuera dado, sería para nuestro bien? Se nos dice que los niños y los necios no mirarían nunca una obra medio hecha. Y confío en que nosotros no estemos medio hechos. Ni usted ni yo pensaríamos, en todas las fases, que sería juicioso decir a un alumno exactamente lo que pensamos sobre su capacidad. Sería mucho más importante que conociera qué hacer inmediatamente.

Si dijéramos esto en público, nos echaríamos encima a todos los freudianos. Y, téngalo en cuenta, estamos en deuda con ellos. Ellos desenmascararon la cobarde huida del autoconocimiento verdaderamente útil que habíamos estado practicando desde el comienzo del mundo. Sin embargo, ¿no hay asimismo una curiosidad meramente mórbida e impaciente acerca del propio yo —el ponerse muy sentimental de la psicología moderna— que seguramente no hace bien? ¡El cuadro sin terminar querría salir de un salto del caballete y mirarse a sí mismo! Eso no lo cura el análisis. Todos hemos conocido a gente que lo ha experimentado y, desde entonces, parece que se han convertido en objetos de investigación para sí mismos de por vida.

Si estoy en lo cierto, la conclusión es que, cuando nuestra conciencia no quiera ir al grano, sino solo culparse imprecisamente o aprobarse vagamente, debemos decirle, como Herbert, «silencio, parlanchina», y avanzar.

VII

SI EN SU última carta quería decir que podemos desechar la idea de oración de petición —oración que, como
usted dice, hace una llamada a Dios para que «maneje»
determinados acontecimientos del mundo objetivo— y
dedicarnos a actos de penitencia y adoración, no estoy de
acuerdo con usted. Puede ser verdad que el cristianismo
sería, intelectualmente, una religión mucho más fácil si
nos dijera que lo hiciéramos. Y puedo entender a la gente
que cree que de ese modo sería una religión más noble.
Pero recuerde el salmo: «Señor, no soy noble».[1] O mejor
aún, recuerde el Nuevo Testamento. Las oraciones de petición más desvergonzadas nos son aconsejadas por dos
cosas, por el precepto y por el ejemplo. nuestro Señor
hizo en Getsemaní una oración de petición (y no consi-
guió lo que pidió).

Me recordará que el Señor pedía con una reserva:
«Pero no se haga mi voluntad» (Lc 22:42). Esto supone
una enorme diferencia. Pero la diferencia que no supone es, precisamente, la de eliminar el carácter de petición

---

1. En inglés «LORD, I am not high-minded», citado del Libro de Oración
Común, en su edición de 1928 [N. del E.].

de su oración. Cuando el pobre Bill, en una célebre ocasión, nos pidió que le adelantáramos 100 libras, dijo: «Si está seguro de poder prescindir de ellas» y «entiendo perfectamente que no pueda». Esto hizo que su petición fuera muy distinta de la petición insistente, e incluso amenazadora, que otra clase de hombre podría haber hecho. Pero no dejó de ser una petición.

El siervo no es más grande, y no debe ser más magnánimo, que el señor. Sean las que sean las dificultades teóricas, tenemos que seguir suplicando a Dios. Y sobre este asunto no podemos recibir ayuda de quienes continúan recordándonos que esta es la clase más baja y menos esencial de oración. Puede que tengan razón; ¿y qué? Los diamantes son más preciosos que el cuarzo, pero el cuarzo existe, y debe ser tenido en cuenta como cualquier otra cosa.

Pero no nos dejemos amilanar tan fácilmente. Algunas de las objeciones populares a la oración de petición, si son válidas contra ella, son igualmente válidas contra otras cosas que todos, cristianos o no, hacemos, hemos hecho desde que comenzó el mundo y seguiremos, sin duda alguna, haciendo. No creo que la obligación de responder a estas objeciones recaiga especialmente sobre nosotros.

Está, por ejemplo, el determinismo, que, bajo este nombre o bajo otro, parece estar implícito en cierta visión científica del mundo. El determinismo no niega la existencia de la conducta humana. Rechaza como ilusión la convicción espontánea de que la conducta tiene su origen último en nosotros mismos. Lo que llamo «mi acción» es el conducto por el que pasa el torrente del proceso universal, por el que está destinado a pasar en un determinado tiempo y lugar. La distinción entre lo que llamamos movimientos «voluntarios» e «involuntarios» de nuestro cuerpo no se desvanece, pero no resulta ser, para esta teoría, exactamente la clase de diferencia que suponíamos. Los llamados movimientos «involuntarios» resultan necesariamente —y, si tenemos los conocimientos suficientes, se pueden predecir— de causas mecánicas exteriores a mi cuerpo o de procesos patológicos u orgánicos dentro de él. Los «voluntarios» resultan de factores psicológicos conscientes que derivan, por su parte, de factores psicológicos inconscientes que dependen de mi situación económica, mi experiencia infantil y prenatal, mi herencia... y así sucesivamente hasta los comienzos de la vida orgánica y más allá. Nosotros somos conductores, no fuentes. Nunca hacemos una contribución original al proceso del mundo. En este proceso nos movemos, no como se mueve un tronco a la deriva en el río, sino como se mueve una pinta del agua misma.

Sin embargo, incluso quienes creen en esta doctrina nos pedirán, como cualquier otro, que le pasemos la sal. A cualquier clase de conducta, incluyendo el lenguaje, le puede suceder exactamente lo mismo, y le pasará. Si un determinista estricto creyera en Dios (y creo que podría), la oración de petición no sería más irracional para él que para cualquier otro.

Otro argumento, propuesto (pero no aceptado) por Burnaby en *Soundings* es el siguiente. Si la libertad humana tiene algún valor; si el hombre tiene algún poder de planificar y adaptar los medios a los fines, debe vivir en un mundo predecible. Pero si Dios altera el curso de los acontecimientos en respuesta a nuestras peticiones, entonces el mundo será impredecible. Por tanto, si el hombre ha de ser efectivamente libre, Dios debe ser, en este respecto, no libre.

Sin embargo, ¿no es evidente que este mundo predecible, sea o no necesario para nuestra libertad, no es el mundo en que vivimos? El mundo en que vivimos es un mundo de apuestas y pólizas de seguros, de esperanzas y angustias, en el que «nada es cierto salvo lo inesperado», y la prudencia consiste en la «administración magistral de lo imprevisto». Casi todas las cosas que la gente puede pedir son impredecibles: el resultado de una batalla o una operación, la pérdida o la consecución de un trabajo, la reciprocidad en el amor. No oramos por los eclipses.

Pero, me responderá, hubo un tiempo en que sí lo hicimos. Los avances de la ciencia permiten predecir cosas que antes eran impredecibles. Nuestra ignorancia es lo único que hace posible la oración de petición. ¿No sería racional suponer que todos los acontecimientos por los que ahora oramos son, en principio, exactamente tan predecibles —aunque todavía no sepamos lo suficiente para predecirlos— como los eclipses? Pero esto no es una respuesta al asunto que yo estoy tratando. Ahora no trato de refutar el determinismo. Solo estoy sosteniendo que un mundo en que el futuro es desconocido no puede ser inconsecuente con la acción intencional y planeada, puesto que ahora mismo estamos planeando y proyectando en un mundo semejante y lo hemos hecho así durante miles de años.

Así pues, entre nosotros, creo que esta objeción implica una idea falsa del quehacer de la ciencia. Sobre esto usted es mejor juez que yo, pero la presento por si puede valer la pena. En un sentido es cierto que el rasgo de la genuina ciencia es el poder de predecir. ¿Significa esto, sin embargo, que una ciencia perfecta, o una síntesis perfecta de todas las ciencias, podría escribir historias fidedignas del futuro? ¿Querrían los científicos hacer algo así? ¿No es verdad que la ciencia predice un acontecimiento futuro en la medida en que, y solo porque, ese acontecimiento es un ejemplo de una ley universal? Todo lo que haga de ese acontecimiento un acontecimiento único —en otras palabras, todo lo que haga de él un acontecimiento histórico concreto— es descartado deliberadamente, no solo como algo que la ciencia no puede incluir, o no puede incluir todavía, sino también como algo por lo que la ciencia como tal no tiene ningún interés. Ninguna salida del sol será jamás como cualquiera otra. Sepárese de las salidas del sol aquello en lo que se distinguen unas de otras y lo que queda será idéntico en todas ellas. Esas identidades abstractas es lo que la ciencia predice. Pero la ciencia, tal como la vivimos, no es reducible a semejantes identidades. Todo acontecimiento físico real, y más aún toda experiencia humana, tiene tras de sí, considerado en conjunto, toda la historia previa del universo real, que no es un «caso» de nada y, por tanto, está festoneado siempre con esas particularidades que la ciencia, con toda razón, desestima para sus propósitos. ¿No consiste el arte entero de idear un buen experimento en inventar medios gracias a los cuales lo irrelevante —es decir, las particularidades históricas— es reducido al mínimo?

Más adelante, Burnaby parece sugerir en su ensayo que las voluntades humanas son el único factor radicalmente impredecible de la historia. Esto no me hace feliz. En parte, porque no veo cómo se podría comprobar el aspecto inmensamente negativo que entraña, y, en parte, porque estoy de acuerdo con Bradley en que la impredecibilidad no es la esencia, ni un síntoma siquiera, de la libertad. (¿Imagina que hayan reimprimido *Ethical Studies*? La añagaza de Arnold, completamente propia de él, es exquisita). Pero supongamos que sea verdad. Incluso en ese caso, la enorme renta que supone la predictibilidad de los acontecimientos haría que la idea de predictibilidad, entendida como algo necesario de algún modo para la vida humana, se arruinara. Piense en los innumerables actos humanos, actos de copulación, realizados durante milenios, que condujeron al nacimiento de Platón, Atila o Napoleón. Sin embargo, la historia humana depende en gran medida de actos impredecibles como esos. Hace veinticinco años le pidió a Betty que se casara con usted. Y ahora, como consecuencia de ello, tenemos al joven George (espero que se haya repuesto de su problema gástrico). Dentro de miles de años podría haber tenido numerosos descendientes, y solo la modestia podría ocultarle la posibilidad de que uno de ellos produjera un efecto histórico tan impresionante como el de Aristóteles (¡o el de Hitler!).

VIII

¡QUÉ FRÍVOLA Y baladí debe haberle parecido mi última carta! Apenas la había echado al correo cuando recibí la tarjeta de Betty con la inquietante noticia sobre George, que convertiría mi jocosa referencia a sus descendientes en una puñalada —por lo menos yo supongo que ocurriría así— y haría que toda nuestra discusión sobre la oración le pareciera, como me parece a mí ahora, algo completamente irreal. La distancia entre la pregunta abstracta «¿Escucha Dios las oraciones de petición?» y la pregunta concreta «¿Nos concederá —podrá concedernos— lo que pedimos para George en nuestras oraciones?» es, aparentemente, infinita.

No es, por supuesto, que yo pretenda por un instante ser capaz de sentirlo como usted. Si lo pretendiera, usted se diría a sí mismo, como el personaje de *Macbeth*, «no tiene hijos». Hace unos años, cuando yo me hallaba en apuros, usted me dijo otro tanto a mí. Me escribió: «Sé que estoy fuera. Difícilmente podrá llegarle mi voz». Y esa fue una razón por la que su carta se pareció más a un verdadero apretón de una mano real que ninguna otra que recibí.

La tentación es procurar seguridad: recordarle con qué frecuencia un diagnóstico preliminar de GP es erróneo; que los síntomas son, como se sabe, ambiguos; que personas amenazadas viven a menudo hasta la edad madura. Y todo eso podría ser, de hecho, cierto. Pero ¿qué podría decirle yo que no se esté diciendo usted a cada hora? Y usted conoce mis motivos. Usted sabe qué poca verdadera imparcialidad científica —o conocimiento— hay detrás de mis palabras. Y si, no lo permita Dios, su ansiedad terminara tan terriblemente como terminó la mía, estas seguridades le sonarían como a burlas. Así, al menos, las encontraba yo. El recuerdo de las falsas esperanzas fue un tormento adicional. Incluso ahora, el recuerdo de ciertos momentos de consuelo engañoso retuerce mi corazón más que el recuerdo de los momentos de desesperanza.

Pero es posible que todo resulte bien. Es cierto. Mientras tanto tiene que esperar, esperar hasta que se conozca el resultado de los rayos X y hasta que los especialistas hayan completado sus observaciones. Y mientras espera, tiene que seguir viviendo. (¡Si se pudiera ir a escondidas, invernar, dormir al aire libre!). Y además están las horribles (para mí, pues creo que usted es más fuerte) secuelas de la ansiedad, el incesante y circular movimiento de los pensamientos, e incluso la tentación pagana de velar por los augurios irracionales. Y oramos, pero las mismas oraciones son principalmente una forma de angustia.

Ciertas personas se sienten culpables de sus ansiedades y las consideran como falta de fe. No estoy de acuerdo en absoluto. Las ansiedades son aflicciones, no pecados. Como todas las aflicciones, son, si podemos considerarlas así, nuestra participación en la Pasión de Cristo. El comienzo de la Pasión —el primer movimiento, por así decir— está en Getsemaní. En Getsemaní parece haber ocurrido algo extraño y significativo.

Se desprende claramente de muchas de sus afirmaciones que nuestro Señor había previsto su muerte desde hacía tiempo. Sabía a qué conducía inevitablemente, en un mundo como este que hemos hecho, una conducta como la suya. Pero es evidente que este conocimiento tiene que haber estado de algún modo apartado de él antes de que orara en Getsemaní. Él no podría haber pedido, dejando a salvo la voluntad del Padre, que pasara de Él ese cáliz y, simultáneamente, haber sabido que no iba a pasar. Esto es una imposibilidad lógica y psicológica. ¿Comprende lo que esto implica? Para que no faltara ninguna prueba a su humanidad, los tormentos de la esperanza —del suspense, de la ansiedad— descargaron sobre Él en el último momento (la hipotética posibilidad de que, después de todo, Él podría, Él podría plausiblemente, ser librado del supremo horror. Había un precedente: Isaac había sido librado, también en el último momento y contra toda aparente probabilidad. No era completamente imposible..., y Él había visto sin duda a otros hombres crucificados... una visión muy diferente de la mayoría de nuestros cuadros e imágenes religiosos).

Pero para esta última (y errónea) esperanza contra toda esperanza, y la consiguiente conmoción del alma, el sudar sangre, tal vez Él no habría sido puro Hombre. Vivir en un mundo plenamente predecible es no ser un hombre.

Sé que se nos dice que al final apareció un ángel «confortándolo». Pero ni el verbo confortar, tal como era empleado en el inglés del siglo dieciséis, ni el griego ἐννισχύων significan «consolar». «Fortalecer» es una palabra más adecuada. ¿No podría haber consistido el fortalecimiento en la renovada certeza —débil consuelo este— de que la cosa debía seguir y, por tanto, sería?

Todos tratamos de aceptar con algún tipo de sumisión nuestras aflicciones cuando efectivamente llegan. Pero la oración de Getsemaní muestra que la ansiedad precedente es también voluntad de Dios y parte del destino humano. El perfecto Hombre la experimentó. Y el siervo no es más grande que su maestro. Nosotros somos cristianos, no estoicos.

¿No representa con claridad cada uno de los movimientos de la Pasión algún elemento común de los sufrimientos de nuestra raza? En primer lugar, la plegaria de la angustia, que no es atendida. Entonces se vuelve a sus amigos. Los amigos duermen; como los nuestros, o como nosotros estamos tantas veces ocupados o lejos o preocupados. Luego mira hacia la Iglesia, la Iglesia verdadera que Él fundó, y lo condena. También esto es característico. En toda Iglesia, en toda institución, hay algo que antes o después obra contra el verdadero propósito para el que nació. Pero parece haber otra oportunidad: está el Estado; en este caso, el Estado romano. sus pretensiones son mucho menos exigentes que las de la

Iglesia judía, y por esa misma razón puede estar libre de fanatismos locales. Afirma hallarse precisamente en un nivel preliminar, profano. Sí, pero en la medida en que ello es compatible con la oportunidad política y la *raison d'état*. Uno se vuelve calculista en un juego complicado. Pero ni siquiera ahora está todo perdido. Queda todavía el recurso al Pueblo, a los pobres y sencillos a los que Él había bendecido, a los que Él había sanado, a los que Él había alimentado y enseñado, a los que Él mismo pertenecía. Pero durante la noche se han convertido (lo cual no es nada infrecuente) en una plebe asesina que pide a gritos su sangre. No queda, pues, nada, salvo Dios. Y las últimas palabras de Dios, a Dios son: «¿Por qué me has desamparado?» (Mr 15:34).

Usted comprende qué característico, qué representativo es todo esto. La situación humana representada con claridad. Todo esto se encuentra entre las cosas que significan ser hombre. Toda cuerda se rompe cuando se la agarra. Toda puerta se cierra con un portazo cuando llamamos. Ser como el zorro al final de la carrera; las madrigueras están todas aseguradas con estacas.

En cuanto al último desamparo, ¿cómo podemos entenderlo o soportarlo? ¿Es que el mismo Dios no puede ser Hombre a menos que Dios parezca desaparecer en su mayor apuro? Y si es así, ¿por qué? Me pregunto a veces si hemos siquiera comenzado a entender lo que implica el preciso concepto de creación. Si Dios quiere crear, quiere que algo sea, y que, sin embargo, no sea Él mismo. Ser creado es, en cierto sentido, ser expulsado o separado. ¿Podría ser que, cuanto más perfecta fuera la criatura, tanto más lejos fuera empujada esta separación? Son los santos, no la gente común, los que experimentan la «noche oscura». Son los hombres y los ángeles, no las bestias, los que se rebelan. La materia inanimada duerme en el seno del Padre. La ocultación de Dios tal vez abrume más dolorosamente a aquellos que desde otro punto de vista están más cerca de Él, y, por tanto, Dios mismo hecho hombre ¿será de todos los hombres el más abandonado por Dios? Un teólogo del siglo XVII dice: «Pretendiendo ser visible, Dios solo podría engañar al mundo». Tal vez Él reivindique a las almas sencillas que necesiten la máxima cantidad de «consolación sensible». No engañándolos, sino mitigando el viento que sopla sobre el cordero trasquilado.

Por supuesto, yo no digo, como Niebühr, que el mal sea inherente a la finitud. Esta idea identificaría la creación con la caída, y haría de Dios el autor del mal. Sin embargo, tal vez haya una angustia, una alienación, una crucifixión implicada en el acto creador. Sin embargo, Él, que es el único que puede juzgar, juzga que la consumación remota merece la pena.

Soy, como puede ver, un consolador de Job. Lejos de iluminar el valle oscuro en que usted se halla ahora, lo oscurezco.

Y usted sabe por qué. Su oscuridad me ha recordado la mía propia. Pero, pensándolo mejor, no lamento lo que he escrito. Creo que, en el momento presente, usted y yo solo podemos encontrarnos en una oscuridad compartida, compartida recíprocamente y, lo que es más importante, con nuestro Maestro. No estamos en una senda no hollada, sino, más bien, en el camino principal.

Ciertamente, hace dos semanas hablamos muy ligera y fácilmente sobre estas cosas. Jugueteábamos con fichas. Uno estaba acostumbrado a que, de niño, se le dijera: «Piensa lo que dices». Al parecer, necesitábamos también que se nos dijera: «Piensa lo que piensas». Hay que subir las apuestas antes de que nos tomemos el juego completamente en serio. Sé que esto es lo contrario de lo que a menudo se dice acerca de la necesidad de excluir las emociones de los procesos intelectuales. «No podremos pensar correctamente a menos que seamos fríos». Pero, si lo somos, tampoco podremos pensar profundamente. Supongo que se deben considerar todos los problemas en ambos estados. Usted recuerda que los antiguos persas debatían todas las cosas dos veces: una, cuando estaban borrachos; y otra, cuando estaban sobrios.

Sé que alguno de ustedes me comunicará cualquier noticia tan pronto como la haya.

IX

GRACIAS A DIOS. ¡Qué engaño! O, más sombríamente, ¡qué prueba! Hace solo veinticuatro horas que he recibido el telegrama de Betty y, curiosamente, la crisis parece haberse alejado ya. Como en el mar. Una vez que se ha doblado el promontorio, y se entra en aguas serenas, no pasa mucho tiempo hasta que aquel se oculta tras el horizonte.

Y ahora paso a ocuparme de su carta. No estoy sorprendido en absoluto de que su sentimiento sea insípido más que gozoso. No se trata de ingratitud. Es solo agotamiento. ¿No ha habido momentos durante esos terribles días en que se ha deslizado, por la misma razón, hacia una especie de apatía? El cuerpo (que Dios lo bendiga) no quiere continuar indefinidamente proporcionándonos los medios físicos de la emoción.

¿Seguro que no hay dificultad sobre la oración de Getsemaní, debido a que, si los discípulos estaban dormidos, no podían haberla oído y, por tanto, no podían haberla registrado? Las palabras que ellos registraron precisarían apenas tres segundos para ser pronunciadas. Él estaba alejado tan solo «a un tiro de piedra». Los rodeaba el silencio de la noche. Y podemos estar seguros de que

Él oraba en voz alta. En aquellos días la gente lo hacía todo en voz alta. ¿Recuerda usted cómo se sorprendió san Agustín —unos siglos después y en una sociedad mucho más sofisticada— al descubrir que, cuando san Ambrosio leía (para sí mismo), no se podían oír sus palabras ni siquiera yendo a ponerse de pie a su lado? Los discípulos oyeron, antes de irse a dormir, las palabras con que comenzaba la oración, y recogen estas palabras iniciales como si fueran la oración completa.

Hay un caso bastante divertido del mismo asunto en Hechos de los Apóstoles, 24. Los judíos habían recurrido a un orador profesional llamado Tértulo para dirigir el procesamiento de san Pablo. El discurso, tal como ha sido registrado por san Lucas, consta, si las he contado correctamente, de ochenta y cuatro palabras en el texto griego. Ochenta y cuatro palabras son una extensión extraordinariamente breve para un abogado griego en una ocasión de gala. ¿No es de suponer, pues, que sean un *précis*? De estas ochenta y tantas palabras, cuarenta están dedicadas a los saludos preliminares al tribunal, lo cual es algo que, en un *précis* de una extensión tan minúscula, no se debería haber recogido. Es fácil imaginar lo que ha ocurrido. San Lucas, aunque un excelente narrador, no era un buen relator. Comienza intentando memorizar o describir *verbatim* todo el discurso, y consigue reproducir una buena parte del exordio. (El estilo es inconfundible. Solo un *rhetor* experimentado habla siempre de ese modo). Pero pronto Lucas es vencido. El resto del discurso tiene que expresarlo mediante un resumen ridículamente inadecuado. Pero no nos dice lo que ha pasado y, por eso, parece atribuir a Tértulo una actuación que habría significado su ruina profesional.

Como usted dice, los problemas sobre la oración que urgen a un hombre cuando ora por alguien amado no son los generales y filosóficos. Son los que surgen dentro del propio cristianismo. Al menos esto es así para usted y para mí. Desde hace tiempo estamos de acuerdo en que, si nuestras plegarias son atendidas, son atendidas desde la creación del mundo. Ni Dios ni sus actos están en el tiempo. La relación entre Dios y el hombre ocurre —para el hombre, no para Dios— en momentos determinados. Si existe, como el mismo concepto de oración presupone, una adaptación entre las acciones libres del hombre que ora y el curso de los acontecimientos, esta adaptación es inherente desde el principio al gran acto creador singular. Nuestras oraciones son oídas —no debe decir «han sido oídas» o introduce a Dios en el tiempo— no solo antes de pronunciarlas, sino incluso antes de haber sido creados nosotros mismos.

Los verdaderos problemas son diferentes. ¿Es uno de ellos la fe en que las oraciones, o algunas oraciones, son causas reales? Sin embargo, no son causas mágicas: no actúan, como conjuros, directamente sobre la naturaleza. ¿Actúan, entonces, sobre la naturaleza a través de Dios? Esto parecería implicar que actúan sobre Dios. Pero Dios, según creemos, es impasible. Toda teología rechazaría la idea de una negociación en la que la criatura fuera el agente y Dios el paciente.

Es completamente inútil responder estas cuestiones empíricamente, presentando historias —aunque usted y yo podríamos contar algunas extrañas— de respuestas llamativas a la oración. Se nos dirá, razonablemente, que *post hoc* no es *propter hoc*. Aquello por lo que habíamos orado iba a ocurrir de todos modos. Nuestra acción fue irrelevante. Ni siquiera la acción de una criatura que atiende nuestra petición puede ser causada por ella. La criatura hace lo que le pedimos, pero quizás podría haberlo hecho sin habérselo pedido. Algunos cínicos nos dirán que ninguna mujer se ha casado jamás con un hombre porque él se lo haya propuesto: ella logra siempre que se le haga la proposición porque ha determinado casarse con él.

En estos casos humanos creemos, cuando creemos, que nuestra petición fue la causa, o una causa, de la acción de la otra parte, pues tenemos, gracias a un profundo conocimiento, una cierta impresión del carácter de esa otra parte, y no ciertamente por aplicar los procedimientos científicos —experimentos de control— para establecer las causas. De igual modo creemos, cuando efectivamente creemos, que la relación entre nuestra oración y el acontecimiento no es mera coincidencia solo porque tengamos una cierta idea del carácter de Dios. Solo la fe garantiza la conexión. Ninguna prueba empírica podría probarla. Incluso un milagro, si ha ocurrido alguno, «podría haber sucedido de todos modos».

Por otra parte, en los casos humanos más íntimos sentimos realmente que las categorías de causa y efecto no incluirán lo que efectivamente ocurre. En una

«proposición» real, distinta de la que ocurre en una novela pasada de moda, ¿se da la relación agente-paciente?
¿Qué gota del cristal de la ventana se mueve para unirse
a otra?

Después de esto sugiero que el pensamiento estrictamente causal es más inadecuado todavía cuando se aplica
a la relación entre Dios y el hombre. No quiero decir solo
cuando pensamos en la oración, sino siempre que pense-
mos sobre lo que ocurre en la frontera, en el misterioso
punto de unión y separación en que el ser absoluto ex-
presa el ser derivado.

Un intento de definir causalmente lo que ocurre al
respecto ha llevado a la perplejidad acerca de la gracia y
la voluntad libre. Observará que las Escrituras planean
sobre el problema. «Procurad vuestra salvación con temor y temblor» (Fil 2:12). Eso es puro pelagianismo.
Pero ¿por qué? «Dios es el que en vosotros opera tanto el
querer como el hacer» (v. 13). Eso es puro agustinismo.
Probablemente son solo nuestros presupuestos los que
hacen que esto aparezca como sin sentido. Profanamente
suponemos que la acción humana y la divina se excluyen
recíprocamente como las acciones de dos criaturas, de
manera que las proposiciones «Dios hizo esto» y «yo hice
esto» no pueden ser ambas verdaderas cuando se refieren
a la misma acción, excepto en el sentido de que cada una
aporta una parte.

Al fin y al cabo, en la confluencia tenemos que admitir un tráfico de doble dirección. A primera vista,
ningún verbo pasivo del mundo podría parecer ser tan

completamente pasivo como «ser creado». ¿No significa eso «*haber sido* una no entidad»? Sin embargo, para nosotros, criaturas racionales, ser creado significa también «ser hechos agentes». No tenemos nada que no hayamos recibido, pero parte de lo que hemos recibido es el poder de ser algo más que receptáculos. A causa de nuestros pecados, ese poder lo ejercemos, sin la menor duda, durante un corto tiempo. Pero los pecados, para el presente argumento, harán como cualquier otra cosa. La razón es que Dios perdona los pecados. No los perdonaría si no cometiéramos ninguno. «¿Para qué sirve la Misericordia sino para confrontar el semblante de la ofensa?». En este sentido, la acción divina es consiguiente a nuestra conducta, está condicionada y es producida por ella. ¿Significa esto que podemos «influir» sobre Dios? Imagino que podría expresarlo de ese modo si quisiera. Si lo hace, tenemos que interpretar su «impasibilidad» de un modo que lo permita, pues sabemos que Dios perdona mucho mejor de lo que creemos lo que significa «impasible». Yo prefiero decir que, desde antes de todos los mundos, su acción providente y creadora (pues todas son una) toma en cuenta todas las situaciones producidas por las acciones de sus criaturas. Y si toma en cuenta nuestros pecados, ¿por qué no nuestras peticiones?

X

ENTIENDO SU POSICIÓN. Pero usted tiene que admitir que las Escrituras no se toman la menor molestia en defender la doctrina de la impasibilidad divina. De continuo nos figuramos provocando la ira o la misericordia divinas e, incluso, «apesadumbrando» a Dios. Sé que este lenguaje es analógico. Pero cuando decimos eso, no debemos contrabandear con la idea de que podemos desperdiciar la analogía y, por decirlo de algún modo, penetrar detrás de ella hasta llegar a una verdad puramente literal. Lo único que puede sustituir a la expresión analógica es alguna abstracción teológica. Y el valor de la abstracción es casi enteramente negativo. La abstracción nos previene de derivar absurdas consecuencias de la expresión analógica haciendo prosaicas extrapolaciones. La abstracción «impasible» no logra, por sí misma, nada. Podría sugerir, incluso, algo mucho más engañoso que la imagen más *naïf* del Antiguo Testamento con un Jehová de emociones tempestuosas. O algo inerte, o algo que es «Acto puro», en el sentido de no poder tomar en cuenta los acontecimientos que ocurren dentro del universo que ha creado.

Propongo dos reglas para la exégesis. (1) No tomar las imágenes nunca literalmente. (2) Cuando el *significado* de las imágenes —lo que dicen a nuestros miedos y esperanzas, a nuestra voluntad y nuestras afecciones— parezca entrar en conflicto con las abstracciones teológicas, confiar siempre en el significado de las imágenes. La razón es que el pensamiento abstracto es en sí mismo una red de analogías: una continua remodelación de la realidad espiritual en términos legales, químicos o mecánicos. ¿Van a ser estas remodelaciones más adecuadas que las imágenes sensibles, orgánicas y personales de las Escrituras, como río y fuente, semilla y cosecha, siervo y señor, gallina y polluelos, padre e hijo? Las huellas de lo divino son más visibles en ese rico suelo que en rocas y montones de lava. De aquí que lo que ahora llaman «desmitologizar» el cristianismo pueda ser fácilmente «remitologizarlo» y sustituir una mitología más pobre por otra más rica.

Estoy de acuerdo en que mi expresión, deliberadamente vaga, acerca de que nuestras oraciones son «tenidas en cuenta» es una forma de refugio en la magnífica sentencia de Pascal («Dios ha instituido la oración para conferir a sus criaturas la dignidad de ser causas»). Pero Pascal propone realmente una relación agente-paciente demasiado explícita, con Dios como paciente. Además, tengo otra razón para preferir mi más modesta fórmula. Pensar en nuestras oraciones precisamente como «causas» podría sugerir que toda la importancia de la oración de petición reside en el logro de lo que hemos pedido. Sin embargo, para nuestra vida espiritual en su conjunto importa realmente más que «se tenga en cuenta» o «se considere» lo que pedimos que el que nos sea concedido. Las personas religiosas no hablan de los «resultados» de la oración, sino de que se les ha «respondido» o de que han sido «oídos». Alguien ha dicho: «Un demandante quiere que su petición sea oída además de atendida». En las peticiones a Dios, si son realmente actos religiosos y no meramente intentos de magia, esto es más claramente así. Podemos soportar que se rechacen nuestras peticiones, pero no podemos soportar que nos ignoren. En otras palabras, nuestra fe puede sobrevivir a muchas negativas si son realmente negativas y no desatenciones. La piedra aparente será pan para nosotros si creemos que la mano del Padre la pone en las nuestras, en un acto de misericordia, o de justicia, o incluso de reproche. Es duro y amargo, pero se puede masticar y tragar. Pero si, habiendo pedido lo que anhela nuestro corazón y habiéndolo logrado, nos convencemos de que todo ha sido un mero accidente —que los designios de la providencia, que tuvieron solo un fin algo diferente, no ayudarían a rechazar la idea de que la satisfacción que sentimos fue un subproducto—, lo que parece pan se convertiría en piedra. Una hermosa piedra, tal vez, o incluso una piedra preciosa. Pero incomestible por el alma.

Contra lo que debemos luchar es contra esta máxima de Pope:

La Causa Primera Todopoderosa
no actúa por leyes parciales, sino por leyes generales.

Lo curioso del caso es que Pope pensaba que todos los que están de acuerdo con él piensan que esta teología filosófica es un progreso sobre la religión del niño y el salvaje (y el Nuevo Testamento). Les parece menos *naïf* y antropomórfica. La verdadera diferencia es, sin embargo, que el antropomorfismo está más sutilmente oculto y es de una clase mucho más desastrosa.

La sugerencia es que, en el nivel divino, exista una distinción con la que estamos muy familiarizados en nosotros mismos: la diferencia entre el plan (o el plan principal) y sus consecuencias no deseadas pero inevitables. Cualquier acción que realicemos, incluso si logra su objeto, esparcirá a su alrededor una rociada de consecuencias que no se buscaban en absoluto. Esto es así incluso en la vida privada. Echo migajas a los pájaros y, de paso, proporciono un desayuno a las ratas. Más claro es esto en lo que se puede llamar vida directiva. El equipo de gobierno del colegio universitario cambia la hora de la cena en el comedor, pues nos proponemos que los sirvientes se vayan más temprano a casa. Al hacerlo así, cambiamos las pautas de la vida cotidiana de los estudiantes. Para algunos, la nueva disposición supondrá una comodidad; para otros, lo contrario. Sin embargo, no teníamos ningún aprecio especial por el primer grupo ni la menor inquina contra el segundo. La disposición acarreó estas consecuencias imprevistas y no deseadas. No podemos evitarlo.

Según el punto de vista de Pope, Dios tiene que obrar del mismo modo. Dios tiene un designio comprensivo para el conjunto de las cosas. Nada que podamos decir lo cambiará. Le queda, pues, poca libertad (¿o ninguna?) para atender, o incluso denegar deliberadamente, nuestras plegarias. El designio divino global produce innumerables bendiciones y calamidades para los individuos. Dios no puede evitarlo. Unas y otras son consecuencias.

Propongo que, en el nivel de la omnisciencia, la omnipotencia y la bondad perfecta, desaparezca completamente la distinción entre plan y consecuencias. Creo que es así porque, incluso en el nivel humano, disminuye cuanto más nos elevamos. Cuanto mejor está hecho un plan humano, tanto menores serán las consecuencias no deseadas, y cuantos más pájaros se proponga matar con una sola piedra, tanto más diversas serán las necesidades e intereses a los que se enfrentará; en suma: tanto más cerca estará —si bien nunca estará muy cerca— de ser un plan para cada individuo. Malas leyes hacen difíciles procesos. Pero vayamos más allá de lo enteramente directivo. Seguramente un hombre de genio componiendo un poema o una sinfonía tiene que ser menos distinto de Dios que un soberano. Pero el hombre de genio no tiene meras consecuencias en su obra. Cada palabra o cada nota serán más que medios, más que consecuencias. Nada estará presente *solo* por causa de otra cosa. Si las notas o las palabras fueran conscientes, dirían: «El autor me tenía presente y eligió para mí, con toda la fuerza de su genio, exactamente el contexto que yo precisaba». Y sería correcta esta afirmación, siempre que recordara que cualquier otra palabra y cualquier otra nota diría lo mismo.

¿Cómo podría el Creador obrar por «leyes generales»? «Generalizar es ser un idiota», dice Blake. Quizás haya ido demasiado lejos. Sin embargo, generalizar es ser una mente finita. Las generalidades son las lentes con las que nuestro intelecto tiene que manejar los asuntos. ¿Cómo podría Dios manchar la infinita lucidez de esta visión con semejantes expedientes temporales? Se podría pensar también que Dios tendría que consultar libros de referencia o que, si alguna vez hubiera pensado en mí individualmente, podría comenzar diciendo: «Gabriel, llévale el archivo al señor Lewis».

El Dios del Nuevo Testamento, que advierte la muerte de un gorrión, no es más antropomórfico, pero tampoco menos, que el de Pope.

No creo en el Dios Directivo y sus leyes generales. Si existe la Providencia, todo es providencial, y toda providencia es una providencia especial. Un viejo y devoto proverbio dice que Cristo no murió solo por el Hombre, sino por cada hombre, nada menos que como si cada hombre hubiera sido el único que hubiera existido. ¿No puedo creer lo mismo de este acto creador, al que, tal como se despliega en el tiempo, llamamos destino o historia? Es por el bien de cada alma humana. Cada una es un fin. Tal vez por el bien de cada animal. Tal vez, incluso, por el de cada partícula de materia. El cielo de noche sugiere que lo inanimado tiene para Dios un valor que nosotros no podemos imaginar. Sus modos no son como los nuestros.

Si me pregunta que por qué creo que todo esto es así, solo puedo responder que se nos ha enseñado, mediante el mandamiento y el ejemplo, a orar, y que orar sería insensato en el tipo de universo que Pope describe. Una de las finalidades por las que Dios instituyó la oración tal vez sea corroborar que el curso de los acontecimientos no es gobernado como un Estado, sino creado como una obra de arte a la que cada ser hace su contribución, y (en la oración) una contribución consciente, y en la que cada ser es a la vez fin y medio. Y, dado que he considerado momentáneamente la misma oración como un medio, déjeme que me apresure a añadir que es también un fin. El mundo fue hecho, en parte, para que pudiera existir la oración, y, en parte, para que nuestras plegarias por George pudieran ser atendidas. Déjeme que acabe con «en parte». La gran obra de arte se creó por todo lo que ella hace y es, hasta por la curva de cada ola y el vuelo de cada insecto.

XI

CREO QUE NO me perdonará. Cuanto más tiempo lo considere, tanto menos me gustará. Debo enfrentarme con las dificultades —o, de lo contrario, rehusarlas explícitamente— que realmente nos atormentan cuando pedimos misericordia de veras. No he encontrado ningún libro que me ayude en todo esto. Tengo tan poca confianza en mis fuerzas para atajarlas que, si fuera posible, dejaría las cosas tranquilas. Pero las cosas no están tranquilas. Están inquietas y escuecen. Usted y yo llevamos las marcas de las heridas que nos han causado. Siendo las cosas así, lo mejor que podemos hacer es compartir nuestra perplejidad. Ocultándonosla el uno al otro, no podremos ocultárnosla a nosotros mismos.

El Nuevo Testamento contiene desconcertantes promesas acerca de que recibiremos aquello que pidamos con fe. La de Marcos 11:24 es la más asombrosa. Todo lo que pidamos, creyendo que se nos dará, se nos dará. No hay que dudar, al parecer, de que la petición no se confina a los dones espirituales. Todo lo que pidamos. No hay que dudar de que no se trata de una fe en Dios meramente general, sino de una fe en que se nos dará la cosa concreta que hemos pedido. No hay que dudar de que se nos dará, exactamente, lo que pedimos, no lo que pedimos u otra cosa que sea realmente mejor para nosotros. Y, para amontonar paradojas sobre paradojas, el griego no dice «creyendo que se nos dará». La lengua griega usa el aoristo, $\varepsilon\lambda\alpha\beta\varepsilon\tau\varepsilon$, que uno está tentado de traducir por «creyendo que se nos ha dado». Ignoraré, no obstante, esta última dificultad. No creo que el arameo tenga algo que nosotros, educados en la gramática latina, podamos admitir de ningún modo como tiempos tensos.

¿Cómo reconciliar esta sorprendente promesa con las dos cosas siguientes: (a) con los hechos observados, y (b) con la oración de Getsemaní y (a causa de la oración) con la opinión universalmente aceptada de que debemos pedirlo todo con una reserva («si es tu voluntad»)?

En cuanto a (a), no hay escapatoria posible. Cada guerra, cada hambruna, cada plaga, casi cada lecho de muerte, son el monumento a una plegaria que no ha sido atendida. En este mismo momento, cientos de personas en esta isla se están enfrentando con un *fait accompli*, la misma cosa por la cual han orado noche y día, vertiendo su alma entera en la oración y, según pensaban, con fe. Han buscado y no han hallado. Han llamado a la puerta y no se ha abierto. «Lo que tanto temían ha caído sobre ellos».

En cuanto a (b), aunque mencionado con mucha menos frecuencia, es seguramente una dificultad parecida. ¿Cómo es posible en el mismo momento tener una fe perfecta —una fe imperturbable o perseverante, como dice san Juan (1:6)— en que se nos dará lo que hemos pedido y, a la vez, prepararnos dócilmente de antemano para una posible negativa? Si consideramos que la negativa es posible, ¿cómo podemos tener a la vez completa confianza en que no nos será negado lo que hemos pedido? Y si tenemos esa confianza, ¿cómo podemos considerar la posibilidad de una negativa?

Es fácil ver por qué se ha escrito mucho más sobre la adoración y la contemplación que sobre la «cruda» o «ingenua» oración de petición. Pueden ser —yo creo que lo son— formas más nobles de oración. Pero también es mucho más fácil escribir sobre ellas.

En cuanto a la primera dificultad, no pregunto por qué son denegadas tan a menudo nuestras peticiones. Cualquiera puede ver, en general, que esto tiene que ser así. Por ignorancia pedimos lo que no es bueno para nosotros o para los demás, o lo que intrínsecamente no es posible. Asimismo, atender la plegaria de uno implica rechazar la de otro. En todo esto hay muchas cosas difíciles de aceptar para nuestra voluntad, pero no hay nada que sea difícil de entender para nuestro entendimiento. El verdadero problema es diferente. El problema no es por qué la negativa es tan frecuente, sino por qué es tan pródigamente prometido el resultado contrario.

¿Debemos proceder, entonces, de acuerdo con los principios de Vidler y desechar las promesas desconcertantes como «venerables arcaísmos» que tienen que ser «superados»? Es indudable que, incluso si no hubiera ninguna otra objeción, este método es demasiado sencillo. Si fuéramos libres para suprimir todos los datos embarazosos, no tendríamos, ciertamente, dificultades teológicas. Pero, por la misma razón, no tendríamos ninguna solución ni habría progreso. Los mismos escritores de los «Tekkies», y no digamos los científicos, lo saben mejor. El hecho dificultoso, el aparente absurdo imposible de encajar en ninguna de las síntesis que hemos hecho, es precisamente lo que no tenemos que pasar por alto. Diez a uno, es en esta guarida en la que se oculta el zorro. Si estamos claramente pensando en un problema sin resolver, sigue habiendo esperanza, y desaparece si creemos que no hay ninguno.

Antes de seguir adelante, quiero hacer dos observaciones puramente prácticas:

1. Estas pródigas promesas es el peor modo posible de empezar la enseñanza cristiana con los niños o los paganos. Usted recordará lo que ocurrió cuando la Viuda espantó a Huck Finn con la idea de que podría conseguir lo que quisiera con tal de que orara por ello. Hizo el experimento y después, como es natural, nunca dio una segunda oportunidad al cristianismo. Haríamos mejor en no hablar de la opinión de la oración personificada en Marcos 11:24 como «ingenua» o «elemental». Si ese texto contiene una verdad, se trata realmente de una verdad para discípulos muy adelantados. No creo que esté en absoluto «dirigida a nuestra condición» (la suya y la mía). Es una piedra de remate, no de cimiento. Para la mayoría de nosotros, el único modelo es la oración de Getsemaní. Mover montañas puede esperar.

2. No debemos fomentar, ni en nosotros ni en los demás, la tendencia a estimular un estado subjetivo que, de tener éxito, podríamos describir como «fe», con la idea de que eso asegurará de algún modo que se concedan nuestras peticiones. Todos hemos hecho probablemente algo así cuando éramos niños. Pero el estado de la mente que puede crear el deseo desesperado de influir sobre una imaginación fuerte no es fe en sentido cristiano. Es un acto de gimnasia psicológica.

Me parece que debemos concluir que semejantes promesas acerca de la oración con fe se refieren a un grado o a una clase de fe de la que la mayoría de los creyentes no tiene experiencia. Espero que un grado muy inferior sea aceptable para Dios. Incluso la clase de fe que dice «ven en auxilio de mi poca fe» (Mr 9:24) puede dar paso a un milagro. Por otra parte, la ausencia de una fe así, que asegure que se alcance lo que pide la oración, no es necesariamente un pecado. Nuestro Señor no tuvo semejante garantía cuando oró en Getsemaní.

¿Cómo o por qué a veces, pero no siempre, tiene que haber una fe semejante incluso en las personas cuyas peticiones son perfectas? Solo podemos, yo al menos, conjeturarlo. Mi opinión es que solo se da cuando el que ora lo hace como un compañero de trabajo de Dios que pide lo que necesita para el trabajo en común. La oración del profeta, del apóstol, del misionero, del sanador es elevada con esa confianza, y encuentra justificada su confianza por el acontecimiento. La diferencia, se nos ha dicho, entre un criado y un amigo es que el criado no conoce los secretos de su maestro. Para él, «das órdenes son órdenes». El criado tiene solo sus propias conjeturas sobre los planes que ayuda a ejecutar. Pero el compañero de trabajo, el compañero o (¿nos atrevemos a decirlo?) el colega de Dios está tan unido con él en ciertos momentos, que en su mente penetra algo de la presciencia divina. De aquí que su fe sea evidencia —es decir, claridad, certeza— de cosas no vistas.

Así como el amigo está sobre el criado, el criado está sobre el suplicante, sobre el hombre que ora por su propio interés. No es pecado ser suplicante. En Getsemaní, nuestro Señor desciende hasta la humillación de ser un suplicante, de orar por su propio interés. Sin embargo, cuando ora así, desaparece aparentemente la certeza acerca de la voluntad del Padre.

Según eso, para nosotros, que habitualmente somos suplicantes y no nos elevamos muy a menudo al nivel de criados, no sería verdadera fe imaginar que tendremos alguna seguridad no ilusa (o que lo sea solo por accidente) sobre los objetos de nuestras oraciones. Nuestro esfuerzo consiste (¿o no?) en lograr y conservar la fe en un nivel más bajo. Creer que, tanto si puede concedérnoslas como si no, Dios escuchará nuestras peticiones, las tendrá en cuenta. Incluso en seguir creyendo que hay Alguien que escucha, pues, cuando la situación se hace más y más desesperada, se inmiscuyen los miedos espantosos. ¿Estamos hablándonos a nosotros mismos en un universo vacío? El silencio es a menudo estremecedor. Y ya hemos orado demasiado.

¿Qué piensa sobre estas cosas? Yo solo he ofrecido conjeturas.

XII

MI EXPERIENCIA ES la misma que la suya. Nunca ha llegado a mis manos un libro sobre la oración que fuera de mucha utilidad a personas con una opinión como la nuestra. Hay muchos libritos *de* oraciones que pueden ser provechosos para quienes comparten el enfoque de Rose Maculay, pero ni usted ni yo sabríamos qué hacer con ellos. ¡No son palabras lo que nos faltan! Hay asimismo libros *sobre* la oración, pero casi todos ellos tienen un trasfondo fuertemente conventual. Incluso la *Imitación* parece en ocasiones, hasta un grado casi cómico, «no dirigido a mi estado». El autor supone que estaremos charlando en la cocina cuando debemos estar en la celda. Nuestra tentación es estar en nuestros estudios cuando debemos estar charlando en la cocina. (Si nuestros estudios fueran tan fríos como esas celdas, tal vez la cosa sería diferente).

Usted y yo somos personas de colina. En los días felices en que todavía era caminante, yo amaba las colinas, e incluso las travesías de montaña, si bien nunca fui escalador. No tenía aptitud para ello. De ahí que ahora no intente los abismos del misticismo. Por otro lado, hay, al parecer, un nivel en la vida de oración más bajo incluso que el nuestro. No quiero decir que las personas situadas en él sean espiritualmente más bajas que nosotros. Pueden superarnos claramente, pero su oración es de un tipo asombrosamente subdesarrollado.

Precisamente ahora me he enterado de ello gracias a nuestro vicario. Me asegura que, hasta donde él ha podido descubrir, la inmensa mayoría de sus feligreses entiende por «decir sus oraciones» repetir cualquier fórmula breve que sus madres les hayan enseñado en la infancia. Me pregunto cómo puede suceder algo así. No puede deberse a que no sean nunca penitentes o agradecidos —muchos de ellos son gente muy amable— o a que no tengan ninguna necesidad. ¿Puede deberse a que haya una especie de tabique impermeable entre su «religión» y su «vida real», en cuyo caso la parte de su vida que llaman «religiosa» sea realmente la parte «irreligiosa»?

Pese a todo, y por urgente que sea la necesidad de un buen libro sobre la oración, nunca intentaré escribirlo. Dos personas en las colinas cambiando impresiones en privado es algo que está muy bien. Pero en un libro no se debería intentar, en modo alguno, discutir, sino instruir. Y en mi caso sería un atrevimiento ofrecer instrucción al mundo acerca de la oración.

Acerca del nivel más alto —los riscos escarpados que los místicos me impiden ver—, acerca de los glaciares y los *picos*, tengo que decir solo dos cosas. Una es que no creo que todos estemos «llamados» a una ascensión así. «Si así fuera, Él nos lo habría dicho».

La otra es esta. La siguiente posición gana terreno y es muy plausible. Todos los místicos (se dice) encuentran las mismas cosas comenzando desde las más diversas premisas religiosas. Las cosas que encuentran tienen muy poco que ver con las doctrinas profesadas por cualquier religión particular: cristianismo, hinduismo, budismo, neoplatonismo, etc. Por tanto, la mística es, como pone de manifiesto la evidencia empírica, el único contacto verdadero que el hombre haya tenido jamás con lo invisible. El acuerdo de los exploradores prueba que todos ellos están en contacto con algo objetivo. Es, pues, la única religión verdadera. Lo que llamamos «las religiones» son o meras ilusiones o, en el mejor de los casos, diferentes pórticos a través de los cuales se puede realizar la entrada en la realidad trascendente.

> *Y cuando se ha comido la semilla,*
> *¿quién no tira la cascara?*

Yo tengo mis dudas sobre las premisas. ¿De verdad encontraron las mismas cosas Plotino, Lady Juliana y san Juan de la Cruz? Pero, aun admitiendo alguna semejanza, un rasgo común a todas las formas de misticismo es la fragmentación de nuestra común conciencia espacial y temporal y del intelecto discursivo. El valor de esta experiencia negativa depende de la realidad positiva, cualquiera que esta sea, a la que la mística abre. Pero ¿no tendríamos que esperar que lo negativo *sintiera* siempre lo mismo? Si las copas de vino fueran conscientes, «ser vaciadas» sería, supongo yo, la misma experiencia para todas ellas, incluso si algunas continuaran vacías, otras se llenaran de vino y otras se rompieran. Todo el que deja la tierra y se hace a la mar «encontrará las mismas cosas»: la tierra que se hunde tras el horizonte, las gaviotas quedándose atrás, la brisa salada. Turistas, mercaderes, marineros, piratas, misioneros, todos encontrarán lo mismo. Pero esta idéntica experiencia no proporciona la menor garantía sobre la utilidad, ilegalidad o contingencia final del viaje de cada uno de ellos.

> *Tal vez los remolinos los arrastren,*
> *tal vez alcancen las Islas Afortunadas.*

No considero en absoluto que la experiencia mística sea una ilusión. Creo que pone de manifiesto que hay un camino que recorrer, antes de la muerte, fuera de lo que se puede llamar «este mundo», fuera de este decorado. Fuera de todo esto, pero ¿para entrar dónde? Esto es como preguntar a un inglés: «¿a dónde lleva el mar?». El inglés responderá: «A cualquier parte de la tierra, incluidas las cajonadas de Davy Jone, excepto a Inglaterra». La legalidad, seguridad y utilidad del viaje místico no depende en absoluto de que sea místico —esto es, del hecho de que sea una partida—, sino de los motivos, la habilidad y constancia del viajero, y de la gracia de Dios. La verdadera religión da valor a su propio misticismo, y el misticismo no invalida la religión en que casualmente ocurra.

No me perturbaría lo más mínimo que se pudiera mostrar que un misticismo diabólico, o ciertas drogas, produjeran experiencias indiscernibles por introspección de las de los grandes místicos cristianos. Las partidas son todas semejantes; es la recalada lo que corona el viaje. El santo, por ser santo, prueba que su misticismo (si se trataba de un santo místico, pues no todos lo son) lo dirigió correctamente. El hecho de haber tenido experiencias místicas no podría demostrar jamás su santidad.

Tal vez se pregunte acerca de que mi intenso deseo de mirar a hurtadillas entre bastidores no me haya llevado a intentar el camino místico. Pero ¿no sería ese el peor de los motivos posibles? El santo puede lograr «un vislumbre mortal de la rosa inmortal de la muerte», pero es un subproducto. El santo se embarcó sencillamente por humilde y desinteresado amor.

Puede haber un deseo, como el mío, sin el más mínimo elemento carnal que, sin embargo, sea «carne» y no «espíritu» en el sentido de san Pablo. Es decir, puede haber un deseo meramente impulsivo, obstinado y codicioso incluso para las cosas espirituales. Es, como nuestros demás apetitos, «deseo de cruz». Sin embargo, siendo crucificado, puede ser resucitado de la muerte y hecho parte de nuestra felicidad.

Vuelvo ahora a un asunto completamente distinto de su carta. También yo había notado que las oraciones por los demás fluyen más fácilmente que las que ofrecemos por nosotros, y sería hermoso aceptar su punto de vista, según el cual este hecho pone de manifiesto que estamos hechos para vivir la caridad. Pero me temo que percibo dos razones mucho menos atractivas para la facilidad de mis oraciones intercesoras. Una es que creo que a veces oro por los demás cuando debería hacer algo por ellos. Es mucho más fácil orar por un majadero que ir a verle. La otra es parecida. Supongamos que pido que se le conceda a usted la gracia de resistirse a su pecado dominante (una corta lista de candidatos a este puesto se presentará cuando se solicite): entonces todo el trabajo tienen que hacerlo Dios y usted. Si oro para vencer mi propio pecado dominante, habrá trabajo para mí. Hay veces en que uno trata, por esta misma razón, de eludir que una acción sea pecado.

La creciente lista de personas por las que orar es, sin embargo, una de las cargas de la ancianidad. Tengo escrúpulos para tachar a alguien de la lista. Cuando digo escrúpulos, quiero decir exactamente escrúpulos. No creo realmente que, si oro por un hombre, contraiga el deber de orar por él durante toda mi vida. Pero excluirlo *ahora*, este día concreto, va de algún modo contra la naturaleza. Y cuando la lista se alarga, es difícil hacer que sea más que una retahíla de nombres. Pero aquí entra en juego, en cierta medida, una curiosa ley. ¿No cree que, si mantiene su mente fija en Dios, pensará automáticamente en la persona por la que está orando, pero que no hay una tendencia a proceder al revés?

XIII

ACABO DE ENCONTRAR un poema en un viejo cuaderno, sin ninguna referencia al autor, que viene bastante al caso de algo de lo que hablamos hace algunas semanas, o sea, del temor persistente de que no haya nadie que nos escuche y que lo que llamamos oración sea un soliloquio: alguien hablando consigo mismo. El autor del poema toma el toro por los cuernos y dice efectivamente: «Muy bien, supongamos que es así», y obtendremos un resultado sorprendente. He aquí el poema:

Me dicen. Señor, que cuando creo
estar hablando contigo,
es todo un sueño, pues no se oye sino una voz,
un hablante imitando que es dos.

A veces la cosa no es, sin embargo,
como la imaginan. Antes bien,
busco en mí las cosas que esperaba decir,
y he aquí que mis pozos están secos.

Luego, viéndome vacío, abandono
el papel de oyente y a través de mis mudos labios

respiran y despiertan al lenguaje
pensamientos nunca conocidos.

Y así, ni hace falta responder ni se puede;
así, mientras parecemos dos hablantes,
Tú eres Uno eternamente,
y yo no soy un soñador, sino tu sueño.

«Sueño» hace que el poema se asemeje al panteísmo y seguramente fue usado por el ritmo. Pero ¿no está en lo cierto el poeta al pensar que la oración, en su estado más perfecto, es un soliloquio? Si el Espíritu Santo habla en el hombre, en la oración Dios habla a Dios. Pero no por eso deviene el suplicante humano un «sueño». Como usted dijo el otro día, Dios y el hombre no se pueden excluir uno a otro, como un hombre excluye a otro, en el punto de unión, por así llamarlo, entre Creador y criatura; el punto en que el misterio de la creación —eterna para Dios e ininterrumpida en el tiempo para nosotros— tiene lugar actualmente. Las proposiciones «Dios lo ha hecho (o dicho)» y «yo lo he hecho (o dicho)» pueden ser ambas verdaderas.

¿Recuerda las dos máximas que Owen Barfield establece en *Salvar las apariencias*? Por un lado, del hombre que no considera a Dios como otro distinto de él no se puede decir que tenga religión en absoluto. Por otro lado, si creo que Dios es otro distinto que yo de igual modo que los semejantes y los objetos en general son otros distintos que yo, comienzo a hacer de Él un ídolo. Eso es osar considerar su existencia como *paralela* de algún modo a la mía. Sin embargo, Dios es el fundamento de nuestro ser. Está siempre dentro de nosotros y enfrente de nosotros. Nuestra realidad es la parte de su realidad que Él proyecta en nosotros a cada momento. Cuanto más profundo es el nivel dentro de nosotros del que brotan nuestras oraciones, tanto más son suyas, sin dejar en absoluto de ser nuestras. Mejor dicho, son más nuestras cuando son más suyas. Arnold habla de nosotros como de seres «aislados» unos de otros en el «mar de la vida». Pero podemos, de igual modo, estar «aislados» de Dios. Estar separado de Dios como estoy separado de usted sería aniquilación.

Una cuestión surge inmediatamente. ¿Sigue hablando Dios cuando habla un mentiroso o un blasfemo? En un sentido se podría decir que sí. Separado de Dios no podría hablar en absoluto. No hay palabras que no deriven de la Palabra, ni actos que no procedan de Él, que es *actus purus*. Y, en realidad, el único modo en que puedo hacer real para mí lo que la Teología enseña acerca de lo infame del pecado es recordar que el pecado es la distorsión de una energía infundida en nosotros, una energía que, de no ser distorsionada, habría florecido hasta convertirse en una de esas acciones santas de la que las expresiones «Dios la hizo» y «yo la hice» son ambas descripciones verdaderas. Nosotros emponzoñamos el vino que Él decanta en nosotros, estropeamos una melodía que Él podría tocar con nosotros como instrumentos, caricaturizamos el autorretrato que Él podría pintar. Por eso, cualquier pecado, sea el que sea, es sacrilegio.

Debemos distinguir, indudablemente, la continuidad ontológica entre Creador y criatura —la cual es «dada», por así decir, por la relación entre ellos— de la unión de voluntades, que, conforme a la gracia, es alcanzada por una vida de santidad. La continuidad ontológica es, entiendo yo, inalterable, y existe entre Dios y un malvado (o un demonio) de igual modo que entre Dios y un santo. «¿Y adónde huiré de tu presencia? [...] si en el Seol trato de acostarme, he aquí, allí tú estás» (Sal 139:7-8).

Lo que Dios se esfuerza en hacer o decir a través del hombre regresa a Él con una distorsión que, en todo caso, no es total.

¿Desaprueba la aparente «tortuosidad» —fácilmente podría parecer cómico— de todo este cuadro? ¿Por qué habría Dios de hablarse a sí mismo a través del hombre? Respondo con una pregunta: ¿por qué debería hacer algo a través de sus criaturas? ¿Por qué, considerado en general, habría de lograr fines (fines que, presumiblemente, el mero *fiat* de su omnipotencia realizaría con perfección instantánea) mediante el trabajo de ángeles, hombres (que son obedientes y eficientes de manera imperfecta) y la actividad de los seres inanimados e irracionales?

La creación parece ser delegación de cabo a rabo. Dios no quiere hacer nada por sí mismo que pueda ser hecho por las criaturas. Supongo que es así porque es un donante, y Dios no tiene nada que dar salvo a sí mismo. Pero darse a sí mismo es dar sus actos —que, en un sentido y diferentes niveles, son Él mismo— a través de las cosas que ha hecho.

Según el panteísmo, Dios es todo. Sin embargo, el sentido definitivo de la creación es, seguramente, que Dios no estaba satisfecho de ser todo. Dios se propone ser «todo *en todos*» (1 Co 15:28).

Hay que tener cuidado para no expresar esta idea de un modo que pueda borrar la distinción entre la creación del hombre y la encarnación de Dios. ¿Se podría, como mero modelo, expresarlo así? En la creación, Dios hace —«inventa»— una persona y «la pone en circulación» —la introduce— en el reino de la naturaleza. En la encarnación, Dios Hijo toma el cuerpo y alma humanos de Jesús, y de esa forma, incluye en su propio ser el medio natural entero, todo el predicamento creatural. De ahí que la expresión «bajó del cielo» puede traducirse aproximadamente por «el cielo tiró hacia arriba de la tierra hasta incluirla en él», y lugar, limitación, sueño, sudor, cansancio, pies doloridos, frustración, dolor, duda y muerte son conocidos por Dios desde dentro, desde antes de todos los mundos. La luz pura recorre la tierra; la oscuridad, recibida dentro del corazón de la Divinidad, es devorada por él. ¿Dónde, si no en la luz increada, puede ser ahogada la oscuridad?

XIV

No voy a admitir sin resistencia la afirmación de que, cuando digo que Dios «pone en circulación» o «inventa» las criaturas, estoy «moderando el concepto de creación». Intento darle, por medio de remotas analogías, algún tipo de contenido. Sé que crear se define como «hacer algo de la nada», *ex nihilo*. Pero entiendo esa nada como ausencia de materia preexistente. No puede significar que Dios hace lo que no tiene idea de hacer, que da a sus criaturas ciertos poderes o bellezas que Él mismo no posee. ¿Por qué pensamos que, incluso las obras humanas, se aproximan más a la creación cuando el que las hace «lo ha sacado todo de su cabeza»?

Tampoco estoy sugiriendo una teoría de la «emanación». La diferencia entre mi idea y la teoría de la «emanación» —literalmente «rebosar» o «salir paulatinamente»— sería que emanación sugiere algo involuntario. Pero mis palabras, «poner en circulación» e «inventar», quieren significar un acto.

Este acto, tal como es para Dios, debe permanecer totalmente inconcebible para el hombre. La razón es que nosotros, ni siquiera nuestros poetas, músicos e inventores, no *creamos*, en sentido radical, nunca. Solo construimos. Contamos siempre con materiales a partir de los que construir. Todo lo que sabemos acerca del acto de creación tiene que ser derivado de lo que podemos colegir de la relación de las criaturas con su Creador.

Ahora bien, los verdaderos paganos sabían que el mendigo en tu puerta podía ser un dios disfrazado, y la parábola de la oveja y las cabras es la explicación de nuestro Señor. Lo que hacemos, o no hacemos, al mendigo, se lo hacemos, o no hacemos, a Él. Tomado desde el extremo panteísta, esto podría significar que los hombres son solo apariencias —representaciones dramáticas, si se quiere— de Dios. Tomado desde el extremo legalista, podría significar que Dios, por una especie de ficción legal, quiere juzgar nuestra bondad hacia el mendigo como bondad que tenemos con Él. Podría significar también, como sugieren las propias palabras de nuestro Señor, que, habida cuenta de que el más pequeño de los hombres es también su «hermano», la acción entera, por así decir, está «dentro de la familia». ¿En qué sentido hermano? ¿Biológicamente, por ser Jesús hombre? ¿Ontológicamente, dado que la luz los ilumina a todos? ¿O, sencillamente, «amado como hermano»? (No puede referirse solo al regenerado). En principio, haría la siguiente pregunta: ¿Es «cierta» alguna de estas formulaciones en el sentido de hacer que las otras sean falsas? Me parece improbable. Si alguna vez veo las cosas más claras, hablaré con más seguridad.

Entretanto me adhiero al punto de vista de Owen. Todas las criaturas, desde el ángel al átomo, son otras que

Dios. Esa alteridad no tiene paralelo: es inconmensurable. La misma palabra «ser» no se puede aplicar a Él y a las demás realidades exactamente en el mismo sentido. Pero, asimismo, ninguna criatura es otra que Él de la misma forma en que es otra que todas las demás. Él está en ellas de un modo en que estas no pueden estar unas en otras. Él está en cada una de las realidades como suelo, raíz y asistencia continua a su realidad y, además, en las criaturas racionales buenas está como luz; en las malas, como fuego —como intranquilidad ardiente al principio y como tormento llameante después— de una presencia mal acogida y vanamente combatida.

De cada una de las criaturas podemos decir lo siguiente: «Este también eres Tú: ninguno es este Tú».

La fe sencilla se lanza a estas ideas con sorprendente naturalidad. En cierta ocasión hablé con un sacerdote del continente que había visto a Hitler y que tenía buenas razones, según todos los criterios humanos, para odiarle. «¿Qué aspecto tenía?», pregunté. «Como el de todos los hombres», contestó, «es decir, como Cristo».

Siempre estamos luchando al menos en dos frentes. Cuando nos encontramos entre panteístas, tenemos que poner el énfasis en la distinción y relativa independencia de las criaturas. Entre deístas —o, tal vez, en Woolwich si el laicado del lugar cree realmente que Dios debe ser buscado en el cielo— tenemos que enfatizar la presencia divina en mi prójimo, mi perro, mi sembrado de coles.

Creo que es mucho más sensato pensar en la presencia en los objetos particulares que en la «omnipresencia». La última expresión sugiere a las personas muy ingenuas (¿tal vez Woolwich de nuevo?) la idea de algo espacialmente extendido, como un gas. Borra las distinciones la verdad de que Dios está presente en cada una de las cosas, pero no necesariamente del mismo modo: en un hombre no está como en el pan y el vino consagrados, ni en un hombre malo como en uno bueno, ni en un animal como en un hombre, ni en un árbol como en un animal, ni en un trozo de materia inanimada como en un árbol. Entiendo que aquí hay una paradoja. Cuanto más alta es la criatura, tanto más, y también tanto menos, está Dios en ella. Está tanto más presente por la gracia, y está tanto menos presente (por una especie de abdicación) como mero poder. Por la gracia, Dios da a las criaturas más altas poder para querer su voluntad («y empuñar sus pequeños tridentes»); las más bajas simplemente la ejecutan de manera automática.

Es bueno tener lugares, cosas y días especialmente sagrados, pues, sin esos puntos focales o recordatorios, la creencia en que todo es sagrado y «grande con Él» disminuirá pronto hasta convertirse en un mero sentimiento. Pero si estos lugares, cosas y días sagrados dejan de recordarnos; si desvanecen nuestra conciencia de que todo suelo es sagrado y que todo arbusto es, con tal de que pudiéramos percibirlo, una Zarza Ardiente, los gritos comienzan a herir. De aquí la necesidad y el permanente peligro de la «religión».

Boehme nos aconseja alguna vez una hora «para lanzarnos más allá de todas las criaturas». Sin embargo, para encontrar a Dios, tal vez no sea necesario siempre dejar atrás las criaturas. Podemos ignorar, pero no podemos esquivar en sitio alguno, la presencia de Dios. El mundo está lleno de Él. Camina a todas partes *incognito*, y el *incognito* no es siempre difícil de comprender. La verdadera tarea es recordar, prestar atención. Estar despierto efectivamente. Más aún: mantenerse despierto.

Por extraño que parezca, lo que me confirma esta fe es el hecho, tan infinitamente deplorable por otro lado, de que la conciencia de esta presencia haya sido con tanta frecuencia mal acogida. En la oración le dirigimos una llamada. Hay veces en que podría responder —yo creo que, efectivamente, responde—: «pero tú me has estado esquivando durante horas». Él no viene solo para alzar, sino también para abatir, para negar, para reprender, para interrumpir. La oración «prevé todas nuestras acciones» es atendida a menudo como si la palabra *prever* tuviera su significado moderno. La presencia que voluntariamente rehuimos es, a menudo, y lo sabemos, su presencia airada.

Y de este mal procede un bien. Si nunca huyera de su presencia, podría sospechar que los momentos en que me parecía deleitarme en ella eran sueños que satisfacían mis anhelos. Eso explica, dicho sea de paso, la debilidad de las versiones aguadas del cristianismo que excluyen los elementos negros e intentan establecer una religión de pura consolación. Ninguna fe en las versiones aguadas puede durar. Perplejos e infatuados como estamos, en el fondo sabemos, aunque nebulosamente, que nada que nos sea agradable siempre y de todas las maneras puede tener realidad objetiva. Pertenece a la naturaleza misma de lo real el que este tenga esquinas cortantes y contornos rudos, que sea resistente, que sea él mismo. Aparejo de sueños es el único tipo contra el que nunca tropezamos ni nos golpeamos las rodillas. Ambos, usted y yo, hemos conocido un matrimonio feliz. Pero ¡qué diferentes eran nuestras viudas de las damas imaginarias de los sueños de nuestra adolescencia! Así se adaptaron mucho menos exquisitamente a todos nuestros deseos, pero, por esa misma razón (entre otras), incomparablemente mejor.

El temor servil es, sin duda, la forma más baja de religión. Sin embargo, un dios que nunca diera ocasión para un temor precisamente servil, un dios *seguro*, un dios domesticado, se declara pronto ante cualquier mente sana como fantasía. No he conocido a nadie que fuera completamente incrédulo respecto de la existencia del infierno y tuviera, a la vez, una fe viva y vivificadora en la existencia del cielo.

Creo que hay un tipo de fe en ambos que carece de toda significación religiosa. Esa fe hace de estas cosas espirituales, o de alguna caricatura suya, objetos de temor y esperanza puramente carnal, prudencial, egocéntrica. Los niveles más profundos, aquellas cosas que solo un espíritu inmortal puede desear o temer, no están afectadas en absoluto. Esa fe es, afortunadamente, muy frágil. Los antiguos sacerdotes agotaron su elocuencia especialmente en excitar tales temores; pero, como ellos mismos lamentan bastante ingenuamente, el efecto no duraba más que algunos minutos después del sermón.

El alma que ha sido despertada o estimulada o elevada alguna vez por el deseo de Dios despertará inevitablemente, según creo, al temor de perderlo.

XV

NO ME HABÍA dado cuenta de que Betty era el tercer participante callado en este diálogo. Debía haberlo imaginado. No es que su peor enemigo la acusara jamás de ser La Mujer Silenciosa —recuerde la noche de Mullingar—, sino de que sus silencios durante un largo razonamiento entre usted y yo son, habitualmente, de un carácter muy enfático, audible y hasta dialéctico. Sabemos que prepara la escoba y pronto barrerá nuestros destrozos. En el presente asunto tiene razón. Estoy complicando algo que la mayoría de los creyentes considera un asunto muy sencillo. ¿Qué es más natural y más fácil, si se cree en Dios, que dirigirse a Él? ¿Cómo podríamos no hacerlo?

Sí. Pero depende de quién sea cada cual. Para personas cuya situación es semejante a la mía —adultos convertidos de la *intelligentsia*—, esa simplicidad y espontaneidad no puede ser siempre el punto de partida. Uno no puede retroceder a la niñez de un salto. Si lo intentamos, el resultado será exclusivamente una restauración arcaizante, como el gótico victoriano, o una parodia de volver a nacer. Tenemos que recorrer un largo camino para regresar a la simplicidad.

En la práctica actual, en mis oraciones, tengo que usar a menudo ese largo camino al comienzo de las mismas.

San Francisco de Sales comienza cada meditación con esta orden: *Mettez-vous en la présence de Dieu*. Me pregunto cuántas operaciones mentales se han llevado a cabo con el propósito de obedecerla.

Lo que a mí me ocurre, si trato de entenderlo, es «simplemente», como Betty me diría, la yuxtaposición de dos «representaciones» o ideas o imágenes. Una es la brillante mancha en la mente que representa a Dios; la otra, el ideal que llamo «yo». Pero no puedo dejarlo así, pues sé —y es inútil fingir que no lo sé— que ambas son fantásticas. El yo real las ha creado a las dos o, mejor, las ha formado según el modo más impreciso de todas las clases de cachivaches psicológicos.

Muy a menudo el primer paso es, paradójicamente, eliminar la «mancha brillante» o, en un lenguaje más solemne, romper el ídolo. Volvamos a lo que tiene al menos cierto grado de realidad resistente. Aquí están las cuatro paredes de la habitación, y aquí estoy yo. Pero ambos términos son meramente la fachada de impenetrables misterios.

Las paredes, dicen, son materia. O, como los físicos se esforzarán en decirme, algo del todo inimaginable, que solo se puede describir matemáticamente y que existe en un espacio curvo lleno de energías asombrosas. Si pudiera penetrar o suficiente este misterio, quizá alcanzaría por fin aquello que es meramente real.

¿Y qué soy yo? La fachada es lo que llamo consciencia. Soy consciente al menos del color de estas paredes. No soy consciente de igual modo ni en el mismo grado de lo que llamo mis pensamientos, pues si intento examinar lo que ocurre cuando pienso, lo que descubra resultará ser, bien lo sé, la película más delgada posible sobre la superficie de una vasta profundidad. Eso nos han enseñado los psicólogos. Su verdadero error es menospreciar la profundidad y la variedad de sus contenidos. Luminosidad deslumbrante y nubes negras se presentan. Y si todas las visiones encantadoras son, como afirman imprudentemente, meros disfraces del sexo, ¿dónde vive el artista oculto que puede hacer de ese material monótono y claustrofóbico obras de arte tan variadas y liberadoras? Y también profundidades de tiempo. Todo mi pasado, mi pasado ancestral, tal vez mi pasado prehumano.

Aquí podría llegar de nuevo, si fuera capaz de ahondar con suficiente profundidad, al fondo de lo que sencillamente es.

Solo ahora estoy preparado, en mi peculiar modo, para «ponerme en la presencia de Dios». Ambos misterios me conducirían, si pudiera seguirlos suficientemente lejos, me llevarían al mismo punto, al punto en que algo, en cada caso inimaginable, salta hacia adelante desde la mano desnuda de Dios. El indio dice, mirando al mundo material: «Yo soy él». Yo digo: «Él y yo nacemos de una raíz». *Verbum supernum prodiens*, la Palabra, que hace su aparición desde el Padre, nos ha hecho a los dos y nos ha reunido en este abrazo entre sujeto y objeto.

¿Y cuál es, se preguntará, la ventaja de todo esto? Para mí —no hablo de nadie más—, la principal ventaja es que coloca debidamente la oración en la realidad presente. Con independencia de cualquier otra cosa que sea o no sea real, esta confrontación momentánea ocurre sin la menor duda: ocurre siempre salvo cuando estoy dormido. Aquí se halla la verdadera unión de la actividad de Dios y la del hombre, y no se trata de una unión imaginaria que podría ocurrir si fuéramos ángeles o si Dios encarnado entrara en el espacio. No se plantea aquí la cuestión de un Dios «ahí arriba» o «ahí fuera»; más bien, la operación presente de Dios es «aquí dentro», como fundamento de mi propio ser, y «ahí dentro», como fundamento de la materia que me rodea, y Dios abrazando y uniendo a ambos en el milagro diario de la conciencia finita.

Las dos apariencias —el «yo» como yo me percibo a mí mismo y el espacio como yo lo percibo— fueron obstáculos mientras se confundían con realidades últimas. Pero, desde el momento en que los reconocí como apariencias, como meras superficies, se convirtieron en conductores. ¿Comprende? La mentira es un engaño solo mientras creemos en ella, pero una mentira reconocida como tal es una realidad —una mentira real— y, como tal, puede ser altamente instructiva. Un sueño deja de ser un engaño tan pronto como despertamos. Pero no se convierte en una no entidad. Es un sueño real, y puede ser, asimismo, instructivo. Un decorado no es una madera o un salón reales: es un decorado real y puede ser un buen decorado. (De hecho, nunca deberíamos preguntar de algo si «es real», pues todo es real). La pregunta adecuada es: ¿*qué* realidad es A, una serpiente real o un *delirium tremens* real? Los objetos a mi alrededor, y mi idea del «yo», nos engañarán si los tomamos de acuerdo con su valor de apariencia. En cambio, son importantes si se consideran como productos finales de actividades divinas. Así, y no de otro modo, es como la creación de la materia y la creación de la mente se encuentran recíprocamente y se cierra el circuito.

Se puede expresar lo mismo de otro modo. He llamado escenario a mi medio material. Un escenario no es ni un sueño ni una no entidad. Pero si acomete contra el entramado de un escenario con un cincel, no obtendremos briznas de ladrillo o de piedra, sino únicamente un agujero en un trozo de la lona y, más allá de él, oscuridad borrascosa. De modo parecido, si comenzamos a investigar la naturaleza de la materia, no hallaremos nada semejante a lo que la imaginación ha supuesto siempre que es la materia. Hallaremos matemáticas. De la realidad física inimaginable, mis sentidos seleccionan unos pocos estímulos. Estos son transformados o simbolizados por los sentidos en sensaciones, las cuales no tienen la menor semejanza con la realidad de la materia. De estas sensaciones, mi poder asociativo, dirigido en gran parte por mis necesidades prácticas e influido por el aprendizaje social, hace un pequeño montón y lo convierte en lo que llamo «cosas» (rotuladas por nombres). A partir de estas construyo un pequeño escenario sin mezcla y provisto convenientemente de propiedades tales como montañas, campos, casas y todo lo demás. En este puedo actuar. Se puede decir efectivamente «actuar», pues lo que llamo mi «yo» (para todos los objetivos prácticos y cotidianos) es también una construcción dramática. Recuerdos, vislumbres en el espejo ante el que nos afeitamos y momentos de esa actividad extraordinariamente falible llamada introspección son los principales ingredientes. Normalmente llamo a esta construcción «yo»; y al escenario, «mundo real».

Así pues, para mí el momento de la oración es —o incluye como su condición— la conciencia, la conciencia doblemente despierta de que este «mundo real» y este «yo real» están lejos de ser realidades mínimas. Mientras estoy vivo, no puedo dejar el escenario para situarme detrás de la escena o para ocupar mi asiento en el patio de butacas. Pero puedo recordar que estas regiones existen. Y recuerdo asimismo que mi yo aparente —este bufón o héroe o figurante—, ese yo que se halla bajo una base de maquillaje, es una persona real con una vida fuera de la escena. El personaje dramático no podría pisar el escenario a menos que ocultara una persona real. Si no existiera el yo real y desconocido, ni siquiera podría equivocarme acerca del yo imaginado. En la oración el yo real lucha por hablar, una vez siquiera, desde su ser real, y por dirigirse, una vez siquiera, no a los otros actores, sino a... ¿cómo debo llamar a Dios? ¿El Autor, pues nos ha inventado a todos? ¿El Director de escena, pues lo controla todo? ¿La Audiencia, pues mira y juzgará la representación?

El intento no es huir del espacio y el tiempo y de mi situación de criatura como sujeto que está enfrente de objetos. Es más modesto: volver a despertar la conciencia de esa situación. Si se puede hacer, no es preciso ir a ningún sitio más. Esta misma situación es en todo momento una posible teofanía. Aquí está el fundamento sagrado. Ahora está ardiendo el arbusto.

Como es natural, este intento puede estar acompañado de éxito o fracaso en mayor o menor grado. La oración que precede a todas las oraciones es: «Que sea el yo real el que habla; que sea el Tú real aquel al que hablo». Infinitamente diversos son los niveles desde los que oramos. La intensidad emocional no es en sí misma prueba de profundidad espiritual. Si oramos sintiendo terror, oraremos seriamente. Eso prueba solo que el terror es una emoción seria. Solo Dios puede bajar el cubo a las profundidades en nosotros. Y, por otro lado, tiene que obrar constantemente como el iconoclasta; cualquier idea que nos formemos de Él tiene que aniquilarla misericordiosamente. El resultado más dichoso de la oración sería levantarse pensando: «Nunca antes supe, nunca antes soñé...». Supongo que fue en un momento así en el que Tomás de Aquino dijo del conjunto de su propia teología: «Me recuerda a la paja».

XVI

NO QUERÍA DECIR que mi única idea de Dios fuera la de una «mancha luminosa». Quería decir que algo semejante propende a haber cuando comienzo a orar, y seguiría habiéndolo si no me esforzara en hacerlo mejor. De todos modos, «mancha luminosa» no es una descripción muy buena. De hecho, no se puede tener una buena descripción de algo tan vago. Si la descripción llegara a ser buena, lo descrito devendría falso.

La cita de Betty —«use imágenes como hacemos los demás»— no me ayuda mucho. ¿Qué quiere decir? ¿Imágenes del mundo exterior, cosas hechas de madera o yeso? ¿O imágenes mentales?

En lo que se refiere al primer tipo, no estoy sufriendo, como sugiere, de fobia a la «idolatría». Creo que la gente como nosotros no corre ese peligro. Siempre tendremos conciencia de que la imagen es solo un trozo de madera. Pero su utilidad es, para mí, muy limitada. Creo que el mero hecho de mantener los ojos fijos en algo —casi cualquier objeto— sirve de ayuda para concentrarse. La concentración visual simboliza y promueve la mental. Este es uno de los modos en que el cuerpo enseña al alma. Las líneas de una iglesia bien diseñada, libre de malabarismos, y que arrastra los ojos hacia el altar produce el mismo efecto.

Pero yo creo que en mí lo produce toda imagen. Si tratara de sacar más de ellas, me estorbarían. Para algunas cosas tendrán ciertos méritos o (más probablemente) deméritos artísticos. Unos y otros son distracciones. Además, y comoquiera que no puede haber imágenes plausibles del Padre o del Espíritu, lo habitual es que las imágenes lo sean de nuestro Señor. El hecho de que nuestras oraciones se dirijan continua y exclusivamente a Él propende, seguramente, a lo que ha sido llamado «culto a Jesús»; una religión que tiene su valor; pero no, aisladamente, la religión que enseñó Jesús.

Las imágenes mentales pueden tener el mismo defecto, pero suscitan también otro problema.

San Ignacio de Loyola (creo que era él) aconsejaba a sus discípulos que comenzaran sus meditaciones con lo que llamaba una *compositio loci*. La Natividad o las Bodas de Caná, o cualquiera que sea el asunto, tenía que ser representado con la mayor cantidad de detalles posibles. Uno de sus seguidores ingleses haría que buscáramos, incluso, «lo que los buenos Autores escriben de esos lugares» para tomar la fotografía correcta: «la altura de las colinas y la situación de las ciudades». Ahora bien, esto «no se aplica a mi condición», por dos razones. La primera es que yo vivo en una época arqueológica. Ya no podemos, como pudo san Ignacio, introducir confiadamente la ropa, muebles y utensilios de nuestra época en la antigua Palestina.

Yo sabría que no lo estaba haciendo como es debido. Yo sabría que el mismo cielo y la luz del sol de estas latitudes son muy diferentes de los que mi imaginación septentrional me podría suministrar. Y no podría aparentar ante mí mismo una *ingenuidad* que realmente no poseo, y eso arrojaría irrealidad sobre todo el ejercicio.

La segunda razón es más importante. San Ignacio fue un gran maestro, y estoy seguro de que sabía lo que sus discípulos necesitaban. La conclusión que extraigo es que era gente con una imaginación visual débil que necesitaba ser estimulada. Pero la dificultad con gente como nosotros es exactamente la contraria. Podemos decirnos esto el uno al otro porque no hay jactancia en nuestras bocas, sino una confesión. Estamos de acuerdo en que el poder —realmente la compulsión— de visualizar no es «Imaginación» en el sentido más alto, no la Imaginación que hace de un hombre un gran autor o un lector sensible. Montado sobre una rienda *muy* tirante, este poder de visualizar puede a veces servir a la verdadera Imaginación; muy a menudo, sencillamente, la estorba.

Si yo comenzara con una *compositio loci*, nunca llegaría a la meditación. El cuadro seguiría elaborándose indefinidamente y cada vez tendría menos relevancia espiritual.

La verdad es que hay una imagen mental que no me induce a hacer elaboraciones triviales. Me refiero a la Crucifixión, pero no contemplada desde el punto de vista de todos los cuadros y crucifijos, sino como tenemos que suponer que sucedió en toda su cruda e histórica realidad. Pero incluso esto tiene menos valor espiritual de lo que uno podría esperar. Contrición, compasión, gratitud —todas las emociones provechosas— quedan ahogadas. El puro horror físico no deja espacio para ellas. Pesadilla. Incluso así, es preciso encararse periódicamente con la imagen. Pero nadie podría vivir con ella. No llegó a ser un motivo frecuente del arte cristiano hasta que murieron todas las generaciones que habían visto crucifixiones reales. En cuanto a los himnos y sermones sobre el tema —repitiendo de forma interminable la sangre, como si eso fuera lo único que importa— deben ser obra de personas tan por encima de mí que yo no puedo alcanzarlas, o de personas que no tienen imaginación en absoluto. (Algunos podrían estar incomunicados de mí por esos dos abismos).

Con todo, las imágenes mentales desempeñan un papel muy importante en mis oraciones. Dudo de que cualquier acto de la voluntad, del pensamiento o la emoción ocurra en mí sin ellas. Pero parecen ayudarme más cuando son más fugitivas y fragmentarias, cuando surgen y estallan como burbujas de champán o revolotean como grajos en un cielo ventoso oponiéndose lógicamente unas a otras como las metáforas arremolinadas que un poeta vivo pueda crear. Si nos fijamos en una, se vuelve muda. Es preciso hacer lo que Blake haría con la alegría: besarla cuando vuela.

Además, si considero su efecto total, me transmiten algo muy importante. Es siempre algo de índole cualitativo, más parecido a un adjetivo que a un nombre. Eso es lo que produce en mí un efecto de realidad, pues creo que respetamos demasiado los nombres y lo que creemos que significan. Mis experiencias más profundas, y sin duda mis primeras experiencias, parecen haber sido puramente cualitativas. Lo terrible y lo amable son más antiguos y consistentes que las cosas terribles y amables. Si una frase musical pudiera ser traducida en palabras, se convertiría en un adjetivo. Un gran lírico es muy semejante a un largo adjetivo completamente adecuado. Platón no fue tan necio como creen los modernos cuando elevó los nombres abstractos —es decir, los adjetivos disfrazados de nombres— a la condición de realidades supremas: las Formas.

Sé muy bien que en lógica Dios es una «substancia». Sin embargo, mi sed de cualidad está justificada precisamente aquí: «Te damos gracias por tu gran gloria». Él *es* esta gloria. Lo que Él es (la cualidad) no es ninguna abstracción de Él. Es, sin duda, un Dios personal, pero también mucho más que personal. Por decirlo más sobriamente: la distinción entre «cosas» y «cualidades», «substancias» y «actitudes» no se aplica en modo alguno a Él. Tal vez se aplique también mucho menos de lo que creemos incluso al universo creado. Es posible que solo sea una parte del escenario.

La oleada de imágenes, todas momentáneas, todas correctoras, purificadoras, mutuamente estimuladoras, que desprendemos como espuma de la oración, y que dan una especie de cuerpo espiritual a lo inimaginable, sucede más, creo yo, en los actos de adoración que en las oraciones de petición; de las cuales ya he escrito, quizá, suficiente. Pero no me arrepiento. Son el punto de partida.

Suscitan todos los problemas. Si alguien pretendiera practicar o discutir las formas más altas sin experimentar este torniquete, desconfiaría de él. «Lo más alto no se mantiene sin lo más bajo». Creo que la omisión o el desdén de la oración de petición puede proceder, a veces, no de una santidad superior, sino de una falta de fe y de la consecuente preferencia por niveles en los que no resalta con tanta crudeza aparente esta pregunta: «¿Hago cosas solo para mí mismo?».

XVII

Es DIVERTIDO QUE sea usted el que, de todas las personas, pregunte mi opinión sobre la oración como acto de adoración. Sobre este asunto ha sido usted el que me ha enseñado casi todo lo que sé. Fue durante un paseo en el Bosque de Dean. ¿*Es* posible que lo haya olvidado?

Primero me enseñó el gran principio: «Comienza donde estés». Yo pensaba que uno tenía que empezar evocando lo que creemos sobre la bondad y grandeza de Dios, pensando en la creación y en la redención y en «todas las bendiciones de esta vida». Usted volvió al arroyo, mojó otra vez su rostro y sus manos curtidos en la pequeña cascada y dijo: «¿Por qué no comenzar con esto?».

Y surtió efecto. Me parece que usted no se imagina cuánto. El suave musgo, la fría, fuerte y danzarina luz fueron, sin duda, bendiciones mucho más pequeñas comparadas con «los medios de la gracia y la esperanza en la gloria». Pero eran palpables. Mientras estuvieron implicadas, la visión reemplazó a la fe. No fueron la esperanza de la gloria, fueron una exposición de la gloria misma.

Con todo, usted no me decía —o así me lo parecía a mí— que la «naturaleza» o «las bellezas de la naturaleza»

121

manifestaran la gloria. Abstracciones como «naturaleza» no entraron en juego. Yo aprendía la doctrina, mucho más secreta, de que los *placeres* son rayos de la gloria cuando hiere nuestra sensibilidad. Al incidir en la voluntad o el entendimiento, le damos diferentes nombres: bondad, verdad u otros semejantes. Pero sus ráfagas sobre los sentidos y el ánimo son el placer.

Pero ¿no hay placeres malos e ilícitos? Los hay, ciertamente. Pero, al llamarlos «placeres malos», supongo que empleamos una especie de taquigrafía. Queremos decir «placeres secuestrados por actos ilícitos». Robar una manzana es lo que es malo, no su dulzor. El dulzor es un rayo de la gloria. Pero eso no atenúa el robo. Lo agrava. En el hurto hay sacrilegio. Hemos abusado de algo sagrado.

Desde aquel momento he tratado de convertir cada placer en un canal de adoración. No me refiero solo a dar gracias por ellos. Por supuesto que debemos dar gracias, pero yo me refiero a algo diferente. ¿Cómo lo diría?

No podemos —yo al menos no puedo— oír el canto de un pájaro exclusivamente como un sonido. Su significado o su mensaje («eso es un pájaro») lo acompaña inevitablemente. De forma parecida, tampoco podemos ver una palabra familiar impresa como un dibujo meramente visual. Leerla es tan involuntario como verla. Cuando el viento ruge, no oímos, precisamente, el rugir. «Oímos el viento». De igual modo, es posible «leer» un placer así como «tenerlo». Pero no, precisamente, «así como». La distinción tiene que llegar a ser imposible y, a veces, lo es. Recibirlo y reconocer su fuente divina son una única experiencia. Este fruto celestial es perfumado inmediatamente por el huerto en que creció. Esa suave brisa susurra sones del país de donde sopla. Es un mensaje. Sabemos que estamos siendo tocados por el dedo de una mano derecha en la que hay placeres por siempre jamás. No es cuestión de agradecimiento o alabanza como acontecimientos separados, como cosas que se hacen después. Experimentar la menuda teofanía es, en sí misma, adorar.

La gratitud, muy correctamente, proclama: «Qué gentileza por parte de Dios concederme esto». La adoración dice: ¡Qué grandeza tendrá el Ser cuyos lejanos e intermitentes relampagueos son así! La mente escala el rayo de sol hasta el sol.

Si yo fuera siempre aquello a lo que aspiro, ningún placer sería demasiado corriente o demasiado habitual para una recepción así, desde el primer sabor del aire cuando miro por la ventana —las mejillas se convierten en una especie de paladar— hasta la suavidad de las zapatillas a la hora de acostarse.

No siempre lo logro. Un obstáculo es la falta de atención. Otro es una forma incorrecta de atención. Si lo practicáramos, oiríamos sencillamente un rugido y no el rugir del viento. De igual modo, aunque mucho más fácilmente, uno se puede concentrar en el placer como acontecimiento que tiene lugar en el propio sistema nervioso —como algo subjetivo— e ignorar el olor de la Divinidad que merodea a su alrededor. Un tercer obstáculo es la avaricia. En lugar de decir: «Esto también eres Tú», podemos pronunciar la palabra fatal: ¡que se repita!

También hay presunción, la peligrosa reflexión de que no todo el mundo puede descubrir a Dios en una sencilla rebanada de pan con mantequilla, o la de que los demás condenen como meramente «gris» el cielo en que observo con deleite delicados matices de perla y paloma y plata.

Observará que no establezco distinción alguna entre placeres sensuales y estéticos. ¿Por qué debería hacerlo? Es casi imposible trazar la línea divisoria, y ¿qué utilidad tendría el que consiguiéramos trazarla?

Si esto es hedonismo, es también una disciplina un tanto ardua. Pero merece la pena algún esfuerzo, pues mientras sucede nos equipa, digámoslo así, casi diariamente de «figuras» sobre la Mancha Iluminada. Deviene más iluminada, pero menos borrosa.

William Law observa que la gente se divierte preguntando por la paciencia que el hambre o una persecución exigiría, si bien, mientras tanto, el mal tiempo y cualquier otra incomodidad los hace refunfuñar. Hay que aprender a andar antes de poder correr. Aquí ocurre lo mismo. No podremos, o al menos yo no puedo, adorar a Dios en las más altas ocasiones si no hemos adquirido el hábito de hacerlo en las más bajas. En el mejor de los casos, la fe y la razón nos dirán que Dios es digno de adoración, pero de ese modo no lo *hallaremos* ni lo «apreciaremos ni veremos». Cualquier retazo de luz solar en el bosque nos mostrará algo del sol que nunca conseguiríamos leyendo libros de astronomía. Estos placeres puros y espontáneos son «retazos de la luz divina» en el bosque de nuestra experiencia.

También es preciso, por supuesto, leer libros. Precisamos muchas cosas además de esta «adoración en cantidades infinitesimales» que estoy predicando. Y si la estuviera predicando en público, en lugar de devolverla al hombre que me la enseñó (aunque ahora encuentre la lección casi irreconocible), la empaquetaría en hielo, la cercaría en reservas de alambres de púas y pegaría letreros de advertencias en todas direcciones.

No crea que me olvido de que el acto más sencillo de pura obediencia es una forma de adoración mucho más importante que la que estoy describiendo (obedecer es mejor que hacer sacrificios). Tampoco me olvido de que Dios, además de ser el Grandioso Creador, es el Trágico Redentor. Tal vez el Trágico Creador también, pues no estoy seguro de que el gran cañón de angustia que se extiende a lo largo de nuestras vidas sea debido *exclusivamente* a alguna catástrofe prehistórica. Como creo haber dicho previamente, algo trágico puede ser inherente al mismo acto de creación, de modo que uno se pregunta a veces por qué Dios considera que el perro merece ese collar. Pero luego compartimos, en cierta medida, el coste del collar sin haber visto todavía al perro.

¡Aquí lo tiene! Lo he vuelto a hacer. Sé que mi tendencia a usar imágenes como juego y danza para las cosas más elevadas es un obstáculo para usted. Reconozco que no me acusa de impiedad como solía hacer (recuerde la noche de Edimburgo en que casi llegamos a las manos). Usted lo llama ahora, de forma mucho más razonable, «no tener corazón». A usted le parece que es burlarse brutalmente de los mártires y los esclavos ver, en cualquier cumbre celestial, un proceso cósmico, que es tan desesperadamente serio para los actores, en términos de frivolidades. Y añade que tiene una gracia absurdamente nociva el que eso lo haga yo, que nunca he disfrutado con los juegos y no bailo mejor que un ciempiés con piernas de madera. Pero creo que sigue sin ver el punto central.

No creo que la vida del cielo tenga la menor analogía con el juego o la danza en lo que estos tengan de frívolos. No creo que mientras estemos en este «valle de lágrimas», afligidos por el trabajo, rodeados de necesidades, tropezando con frustraciones, condenados a perpetuas planificaciones, perplejidades y ansiedades, carezcan de toda oportunidad de llegar a su destino ciertas cualidades de condición celestial, y que no puedan proyectar ninguna imagen de sí mismas salvo en actividades que, aquí y ahora, son frívolas para nosotros. Tenemos que suponer, con absoluta seguridad, que la vida de los bienaventurados es un fin en sí mismo; en realidad, el Fin: ser totalmente espontánea, ser la completa reconciliación de la ilimitada libertad y el orden, el más delicadamente regulado, dócil, intrincado y bello orden. ¿Cómo puede encontrar alguna imagen de esto en las actividades «serias» de nuestra vida natural o de nuestra (presente) vida espiritual, en nuestras precarias y afligidas afecciones o en el Camino, que es siempre, en mayor o menor medida, un *via crucis*? No, Malcolm. Solo en las «horas de asueto», solo en los momentos de festividad permitida encontramos una analogía. La danza y el juego *son* frívolos e insignificantes aquí abajo. Pero «aquí abajo» no es su lugar natural. Aquí son un descanso momentáneo de la vida para la cual hemos sido puestos aquí. Pero en este mundo todo está al revés. Eso que, si se prolongara aquí, sería haraganería, se parece mucho a lo que en un país mejor es el Fin de los fines. El gozo es la verdadera empresa del cielo.

XVIII

ME CONFIESO CULPABLE. Cuando escribía sobre los placeres la semana pasada, me olvidé por completo de *mala mentis gaudia,* de los placeres de la mente que son intrínsecamente malos. El placer, digamos, de tener resentimiento. ¡Qué decepción descubrir, en un momento de autorrevelación, que no se puede culpar realmente a la otra parte! ¡Y cómo, mientras dura, el resentimiento retrocede más y más hasta la niñera y lo acaricia y lo alienta! Se comporta justamente como la lascivia. Pero no creo que esto arruine mi teoría (y mi experiencia) de los placeres corrientes. ¿No son «mixtos», como dice Platón, estos placeres intrínsecamente viciosos? Por usar la propia imagen platónica: el que tiene sarna desea rascarse. Y si uno se abstiene de hacerlo, la tentación es muy fuerte; y si uno se rasca, siente cierta clase de placer en el alivio momentáneo y engañoso. Pero uno no quisiera sentir picazón. Rascarse no es sencillamente un placer, sino solo por comparación con el contexto. De igual modo, el resentimiento es placentero solo como alivio de la humillación o como alternativa a la misma. Sigo pensando que las experiencias que son placeres por propio derecho pueden ser consideradas tal como propongo.

La mera mención de los placeres horribles —las golosinas del infierno— le arrastró de forma natural desde el objeto de adoración al del arrepentimiento. Voy a seguirle en su digresión, pues dijo algo con lo que estoy en desacuerdo.

Admito que las oraciones penitenciales —«actos» de penitencia, como creo que se llaman— pueden estar en dos niveles muy distintos. En el más bajo, lo que usted llama «penitencia pagana», existe simplemente el intento de aplacar un poder supuestamente enojado. (Lo siento. No lo volveré a hacer. Perdónemelo esta vez). En el nivel más alto, dice usted, se intenta, más bien, restablecer una relación personal vulnerable e infinitamente apreciada que ha sido rota por la propia acción, y si se produce el perdón, en el sentido «vulgar» de absolución de la pena, se valora principalmente como un síntoma o sello o, incluso, un subproducto de la reconciliación. Espero que tenga razón sobre el particular. Digo «espero» porque no puedo decir que conozca mucho por experiencia del nivel más alto de la penitencia ni de ninguna otra cosa. El techo, si lo hay, se halla muy lejos.

A pesar de todo, hay una diferencia entre nosotros. No puedo estar de acuerdo en llamar al nivel más bajo «penitencia pagana». ¿No incluye su descripción una gran cantidad de penitencia del Antiguo Testamento? Fíjese en los Salmos. ¿No incluyen una gran cantidad de penitencia cristiana, una gran cantidad que está incorporada a la liturgia cristiana? «No tomes venganza por nuestros pecados [...] no estés por siempre enojado con nosotros [...] *neque secundum iniquitates nostras retribuas nobis*».

Aquí, como casi siempre, lo que consideramos como «vulgar» y «bajo», y lo que presumiblemente es de hecho lo más bajo, esparce mucho más arriba de lo que nos gusta admitir la vida cristiana. ¿Encontramos en las Sagradas Escrituras o en los Padres ese rechazo explícito y clamoroso de aquello a lo que deberíamos dar la bienvenida?

Le concedo sin reservas que «ira» es algo que solo analógicamente puede ser atribuido a Dios. La situación del penitente delante de Dios no es, aunque se parece en cierto modo, la del que aparece ante un soberano justamente encolerizado, o ante un amante, el padre, el señor o el profesor. ¿Qué más podemos conocer de ella si no es, precisamente, esta semejanza? Al intentar entrar detrás de la analogía, usted va más lejos y mucho más descaminado. Usted sugiere que lo que se considera tradicionalmente como experiencia de la cólera de Dios debería considerarse, más provechosamente, como lo que inevitablemente nos ocurre si tratamos impropiamente una realidad de poder inmenso. Como usted dice: «Los cables cargados de electricidad no se encolerizan con nosotros, pero si los manejamos mal, recibimos una descarga».

Querido Malcolm, ¿qué ha ganado sustituyendo la imagen de un soberano enojado por la de unos cables? Nos ha hundido a todos nosotros en la desesperanza, pues la cólera puede perdonar; y la electricidad, no.

Como razón para el cambio propone la de que, «incluso analógicamente, la clase de perdón que se concede cuando ha pasado un ataque de mal genio no se puede atribuir, merecidamente, a Dios, ni puede ser aceptada con agradecimiento por el hombre». Las despectivas palabras «ataque de mal genio» han sido elegidas por usted. Piense en la completa reconciliación entre los mortales. ¿Es la fría desaprobación fríamente mitigada? ¿Es castigado el reo con poca severidad en vista de las «circunstancias atenuantes»? ¿Se ha restablecido la paz mediante una conferencia moral? ¿Se dijo que el ataque «no importa»? ¿Fue callada o pasada por alto? Blake lo sabía muy bien:

> *Me enojé con el amigo:*
> *Manifesté mi ira y mi ira terminó.*
> *Me enojé con el enemigo*
> *y como oculte mi ira, mi ira se acrecentó.*

Usted también lo sabe muy bien. La ira —no un malhumorado ataque de mal genio, sino generosa e hirviente indignación— pasa y se convierte (no necesariamente de forma rápida) en abrazador, exultante y nuevamente bienvenido amor. Así es como los amigos y amantes verdaderamente se reconcilian. Ira apasionada, amor apasionado. Una cólera así es el fluido que el amor desangra cuando lo cortamos. Las *cóleras* de los amantes, no sus protestas mesuradas, son renovación del amor. Ira y perdón son, cuando se aplican a Dios, analogías. Pero las dos pertenecen al mismo círculo de analogía, el círculo de la vida, el amor y las relaciones profundamente personales. Las analogías liberales y «civilizadas» nos llevan por mal camino. Convierta la ira de Dios en mera desaprobación ilustrada y convertirá, asimismo, su amor en mero humanismo. El «fuego devorador» y la «belleza perfecta» desaparecen. En su lugar tenemos una juiciosa directora de colegio o un magistrado pacifista. Eso procede de ser magnánimo.

Sé que «la ira del hombre no obra la justicia de Dios» (Stg 1:20). Y no ocurre así porque la ira sea ira, sino porque el hombre es hombre (caído).

Pero tal vez ya he dicho demasiado. Todo lo que la imaginería puede hacer es facilitar, o al menos no impedir, el acto de penitencia del hombre y la recepción del perdón. No podemos ver la cuestión «desde el lado de Dios».

La imagen vulgar de la penitencia como algo parecido a disculpa o, incluso, a apaciguamiento tiene, para mí, el valor de hacer de la penitencia un acto. Las opiniones más magnánimas entrañan cierto peligro de considerarla simplemente como un estado del sentimiento. ¿Está de acuerdo conmigo en que esto sería perjudicial?

En este momento tengo presente el problema porque estoy leyendo a Alexander Whyte. Morris me lo ha prestado. Whyte fue un teólogo presbiteriano del siglo pasado del que jamás había oído hablar. Es un autor que merece ser leído, y extraordinariamente tolerante. Dante, Pascal, y hasta Newman, se cuentan entre sus héroes. Sin embargo, en este momento lo menciono por otra razón. Fue él el que me puso, violentamente, frente a un rasgo distintivo del puritanismo que casi había olvidado. Para él, un síntoma esencial de la vida renovada es la permanente

—y permanentemente horrorizada— percepción de la natural corrupción propia y su condición, al parecer, inalterable. La verdadera ventana nasal del cristianismo es estar constantemente atento al pozo negro interior. Ya sabía que la experiencia era el rasgo constante de las viejas historias de conversión. Como en *Grace Abounding*: «Pero mi interna y original corrupción [...] que tuve la culpa del asombro [...] fui ante mis propios ojos más repugnante que un sapo [...] pecado y corrupción, como ya he dicho, brotarían tan naturalmente de mi corazón como el agua brotaría de una fuente».

Otro autor, citado en la obra de Haller, *Rise of Puritanism*, dice que, cuando miraba dentro de su corazón, «era como si, en el ardor del verano, bajara la vista para mirar dentro de la suciedad de una mazmorra, en la que percibía millones de cosas vivientes que se arrastraban en medio de ese sumidero y corrupción líquida».

No voy a escuchar a los que describen esta visión como meramente patológica. He visto en mi propia mazmorra «das cosas legamosas que se arrastraban con piernas». Pensaba que ese vislumbre habría enseñado a mis sentidos. Sin embargo, Whyte parece creer que no sería un vislumbre, sino una mirada escrutadora diaria y de por vida. ¿Puede tener razón? Suena muy diferente que los frutos del espíritu del Nuevo Testamento: amor, gozo, paz. Y muy diferente, asimismo, del programa paulino: «Olvidando lo que queda atrás, y extendiéndome a lo que está delante» (Fil 3:13). Y muy diferente también del vigoroso y fresco capítulo sobre *la douceur* hacia el propio yo. En todo caso, ¿cuál es la utilidad de apuntalar un programa de emociones permanentes? Solo pueden ser permanentes por ser ficticias.

¿Qué piensa usted? Creo que en el momento oportuno tal vez se necesite un emético espiritual. ¡Pero no una dieta regular a base de eméticos! Si sobreviviéramos a una dieta así, podríamos desarrollar «tolerancia» hacia ellos. Escudriñar el sumidero podría ocasionar su propio y perverso orgullo:

Ufano justiciero y disgustado conmigo mismo,
más por la ofensa a mí mismo que porque Dios sea ofendido.

En todo caso, en soledad y también en confesión, he descubierto (a mi pesar) que el grado de vergüenza y aversión que siento hacia mis pecados no se corresponde con lo que mi razón me dice acerca de su gravedad relativa. Lo mismo que el grado en que, en la vida diaria, siento la emoción de temor tiene poco que ver con mi juicio racional del peligro. Preferiría mares verdaderamente peligrosos cuando estoy en un bote descubierto, que mirar completamente seguro (de momento) desde el filo de un acantilado. De igual modo, he confesado faltas horribles de benevolencia con menos aversión que pequeñas impropiedades (o que esos pecados que son impropios de un caballero a la vez que no cristianos). Nuestras reacciones emotivas ante nuestra conducta tienen una relevancia ética limitada.

XIX

DÍGALE A BETTY que, si usted no me hubiera apartado del tema del arrepentimiento, hubiera dicho precisamente aquello de lo que me culpa que no había dicho. Hubiera dicho que, en la adoración, más que en ninguna otra clase de oración, el acto público o comunitario es de extrema importancia. Perderíamos incomparablemente más si se nos impidiera ir a la iglesia en Pascua de Resurrección que en el Viernes Santo. Incluso en privado la adoración debería ser comunitaria, «con ángeles, arcángeles y todo el cortejo», con toda la luminosa publicidad del cielo. Por otro lado, encuentro que las oraciones a las que más plenamente presto atención en la iglesia son aquellas que con más frecuencia he orado en mi dormitorio.

Rechazo, con cierto ardor, la acusación de «ser quisquilloso sobre las ceremonias religiosas». Mi opinión es que cualquier forma me sirve con tal de que esté acostumbrado a ella. La idea de permitirme postergarlas por mera insuficiencia —una iglesia fea, un acólito desgarbado, un celebrante defectuosamente asistido— es horrible. Por el contrario, me sorprende una y otra vez lo poco que estas cosas importan, como si

> *nada estuviera nunca mal*
> *cuando la sencillez y el respeto lo presentan.*

Una de las más preciosas eucaristías de mi vida tuvo lugar en una cabaña de Nissen. A veces el acento de barrio obrero londinense de un coro tiene una calidad singularmente conmovedora. Una jarra de lata como cáliz no me aflige lo más mínimo si hay buenas razones para ello. (Me pregunto qué clase de vajilla se usaría en la Última Cena).

Me pregunta por qué no he escrito nunca nada sobre la Sagrada Eucaristía. La razón es que no estoy suficientemente preparado en Teología. No tengo nada que ofrecer. ¡Esconder bajo un celemín una luz que crea tener no es mi pecado dominante! Soy mucho más propenso al parloteo inmoderado. Pero hay un punto sobre el que, incluso yo, guardaría gustosamente silencio. El problema es que la gente saca conclusiones hasta del silencio. Alguien escribió hace unos días que parecía que yo «admitía, más que acogía con satisfacción» los sacramentos.

No me gustaría que Betty y usted pensaran lo mismo. Sin embargo, tan pronto como trato de decirle algo más, veo otra razón para el silencio. Es casi imposible exponer el efecto negativo que ciertas doctrinas ejercen sobre mí —la dificultad que tengo en ser alentado por ellas— sin que parezca que monto una ofensiva contra ellas. Pero lo último que quisiera hacer sería alterar en la mente de cualquier cristiano, sea cual sea su creencia, los conceptos, para él tradicionales, mediante los que halla beneficioso representarse lo que ocurre cuando recibe el pan y el vino. Desearía que no se hubiera sentido jamás la necesidad de las definiciones, y, aún más, que a ninguna (o a nadie) le hubiera sido permitido hacer divisiones entre las iglesias.

Ciertas personas parecen capaces de discutir diferentes teorías sobre este hecho como si las entendieran todas y solo necesitaran evidencia sobre la que es mejor. A mí me ha sido negada esta luz. No sé ni puedo imaginarme qué entendieron los discípulos que quería decir nuestro Señor cuando, con su cuerpo todavía intacto y sin que su sangre hubiera sido derramada, les dio pan y vino y les dijo que eran su cuerpo y su sangre. No puedo encontrar, dentro de las formas de mi entendimiento humano, ninguna conexión entre comer a un hombre —y es como Hombre como el Señor tiene carne— y entrar en unidad o comunidad o κοινωνία con Él.

Además, la «substancia» (en sentido aristotélico), despojada de sus accidentes y dotada de los accidentes de otra substancia, me parece una noción que no puedo entender. Mis esfuerzos por pensarla producen meras ideas infantiles, como la imagen de algo semejante a plastilina muy enrarecida. Por otro lado, no tengo más éxito con quienes me dicen que los elementos son puro pan y puro vino usados simbólicamente para recordarme la muerte de Cristo. El pan y el vino, en el nivel natural, son símbolos muy extraños de *esa*. Pero sería impío suponer que son tan arbitrarios como a mí me lo parecen. Creo firmemente que, en realidad, su selección es oportuna e, incluso, necesaria. Pero a mí me sigue estando velado. Además, si son, si el hecho entero es simplemente conmemorativo, debería inferirse que su valor tiene que ser puramente psicológico y dependiente de la sensibilidad del receptor en el momento de la recepción. Y no puedo entender por qué *este* particular recordatorio —otros cientos de cosas podrían, psicológicamente, recordarme igual o mejor la muerte de Cristo— tendría que ser tan extraordinariamente importante como toda la cristiandad (y mi propio corazón) declara continuamente.

Sin embargo, por otro lado, para mí (y puede que también para otros) lo que aglutina e «informa» todos los objetos, las palabras y acciones de este rito es algo desconocido e inimaginable. No estoy diciendo a nadie en el mundo entero: «Su explicación es errónea». Lo que digo es: «Tras su explicación el misterio sigue siendo misterio para mí».

No obstante, no encuentro dificultad en creer que el velo entre las palabras, en ninguna otra parte tan opaco (para mí) al intelecto, en ninguna otra parte es tan delgado y permeable a la operación divina. En esto, una mano de una región oculta toca no solo mi alma, sino también mi cuerpo. En esta cuestión el presumido, el catedrático, el moderno que hay en mí no goza de privilegios sobre el salvaje o el niño. Aquí está la medicina grande y la magia fuerte. *Favete linguis*.

Cuando digo «magia», no pienso en las insignificantes y patéticas técnicas mediante las que los memos intentan y los charlatanes pretenden controlar la naturaleza. Yo quiero decir, más bien, algo parecido a lo que sugieren expresiones de los cuentos de hadas como esta: «Esta es una flor mágica, y si te la llevas las siete puertas se te abrirán espontáneamente». O como esta otra: «Esta es una cueva mágica, y los que entran en ella recuperan la juventud». Yo definiría la magia, en este sentido, como «eficacia objetiva que no puede ser ulteriormente analizada».

La magia, en este sentido, obtendrá siempre una respuesta de una imaginación normal, porque, en principio, está muy «conforme con la naturaleza». Mézclense estos dos polos y habrá una explosión. Cómase un gramo de ella, y moriremos. Indudablemente, podemos deshacernos mediante explicaciones del elemento «mágico» de tales verdades, es decir, considerarlas casos o consecuencias de verdades más amplias que, por su parte, siguen siendo «mágicas» hasta que son, asimismo, explicadas. De este modo, las ciencias hacen retroceder cada vez más el reino de los «hechos brutos». Pero ningún científico, me parece a mí, cree que el proceso podría completarse alguna vez. Al menos tendrá que quedar siempre el hecho completamente «bruto», el *datum* completamente opaco de que un universo —o, mejor, este universo con su carácter determinado— existe, un universo tan «mágico» como la flor mágica de los cuentos de hadas.

Ahora bien, para mí el valor del elemento mágico en el cristianismo es el siguiente. Es un testimonio permanente de que el reino celestial es, no menos que el universo natural y tal vez mucho más, un reino de hechos objetivos, de hechos firmes, determinados, que no se pueden construir *a priori* ni pueden descomponerse en máximas, ideales, valores y cosas por el estilo. No se puede concebir un hecho más plenamente *dado* o, si se prefiere, un hecho más «mágico» que la existencia de Dios como *causa sui*.

La gente ilustrada quiere deshacerse de este elemento mágico en favor de lo que llamarían el elemento «espiritual». Pero lo espiritual, concebido como algo opuesto a lo «mágico», parece que se convierte en algo meramente psicológico o ético. Y nada de ello por sí mismo, ni lo mágico por sí mismo, es una religión. No voy a sentar reglas para determinar la parte, cuantitativamente considerada, que lo mágico debería tener en la vida religiosa de cada cual. Las diferencias individuales pueden ser permisibles. En lo que insisto es en que nunca se podrá reducir a cero. Si se reduce, lo que queda será solo moralidad o cultura o filosofía.

Lo que, en mi opinión, convierte a algunas obras teológicas en algo parecido a serrín es el modo en que los autores pueden continuar discutiendo sobre hasta qué punto ciertas posiciones se pueden armonizar con el pensamiento contemporáneo, o pueden ser beneficiosas en relación con los problemas sociales, o «tienen futuro» al respecto, sin que jamás se pregunten honradamente qué razones tenemos para suponer que son explicaciones verdaderas de alguna realidad objetiva. Es como si intentáramos hacer antes que aprender. ¿No tenemos a ningún Otro al que tener en cuenta?

Espero no ofender a Dios por recibir la comunión con la estructura mental que estoy describiendo. Después de todo, el mandamiento fue «tomad, comed» (Mt 26:26), no «tomad y entended». Espero, especialmente, no necesitar ser atormentado por la pregunta «¿qué es esto?» (esta oblea, este sorbo de vino). Eso tiene un efecto horrible sobre mí. Eso me invita a tomar «esto» fuera de su contexto sagrado y a considerarlo como un objeto entre objetos, en verdad como una parte de la naturaleza. Eso es como separar del fuego una brasa al rojo vivo para examinarla: se convierte en una brasa apagada (quiero decir para mí). Todo esto es autobiografía, no teología.

XX

Tengo que apartarme del tema para darle algunas buenas noticias. La semana pasada, mientras oraba, descubrí súbitamente —o eso, al menos, me pareció a mí— que había perdonado a alguien al que había intentado perdonar durante más de treinta años. Lo había intentado y había rogado que pudiera hacerlo. Cuando finalmente ocurrió —súbitamente, como la interrupción anhelada de la radio de un vecino—, esto fue lo que sentí: «Pero si es muy fácil. ¿Por qué no lo he hecho hace años?». Del mismo modo, muchas cosas se hacen fácilmente en el momento en que podemos hacerlas, aunque, hasta entonces, las creíamos completamente imposibles, como aprender a nadar. Hay meses durante los cuales ningún esfuerzo nos sostiene. Después, llega el día, la hora y el minuto tras el que, siempre *tras el que*, resulta casi imposible decaer.

A mí me pareció, también, que perdonar (la crueldad de ese hombre) y ser perdonado (por mi resentimiento) eran exactamente la misma cosa. «Perdona y serás perdonado» suena como un pacto. Pero tal vez sea mucho más. Según los criterios celestiales, esto es, para la pura inteligencia, tal vez sea una tautología (perdonar y ser perdonado son dos nombres para lo mismo). Lo importante es que una discordia ha sido solventada, y es indudable que ha sido el Grandioso Solventador el que lo ha hecho. Finalmente, y esto es tal vez lo mejor de todo, creí de nuevo lo que nos enseña la parábola del Juez Injusto. Ningún hábito está tan arraigado, y por ninguno hemos pedido durante tanto tiempo en vano (según parece), que no pueda ser, incluso en la árida edad provecta, arrancado.

Me pregunto si las personas muertas hace tiempo saben que las perdonamos cuando, por fin, después de incontables fracasos, conseguimos perdonarlas. Sería una lástima que no lo supieran. Dar el perdón y no recibirlo sería frustrante. Y esta afirmación me lleva a su pregunta.

Por supuesto que oro por los muertos. La acción es tan espontánea, tan inevitable, que solo el más concluyente argumento teológico contra ella me disuadiría. Y me resulta difícil entender cómo subsistiría el resto de mis oraciones si fueran prohibidas las oraciones por los muertos. A nuestra edad, la mayoría de las personas que más amamos están muertas. ¿Qué clase de relación con Dios podría tener si lo que más amo no se lo pudiera mencionar a Él?

Según la opinión tradicional del protestantismo, los muertos están condenados o salvados. Si se han condenados, orar por ellos es inútil. Dios ha hecho ya todo por ellos. ¿Qué más podríamos pedir?

Pero ¿no creemos que Dios ha hecho ya, y está haciendo, todo lo que puede por los vivos? ¿Qué más podríamos pedir? Sin embargo, se nos dice que pidamos.

«Sí —se les dirá—, pero los vivos están todavía de camino. Nuevas pruebas, acontecimientos, posibilidades de error les aguardan. Pero los salvados se han hecho perfectos. Han terminado el camino. Orar por ellos presupone que el progreso y la dificultad siguen siendo posibles. De hecho, está presentando algo como el purgatorio».

Pues sí, supongo que es así. Es preciso suponer que, incluso en el cielo, se da un incremento perpetuo de beatitud, que se alcanza mediante un abandono de sí continuamente más extático, sin la posibilidad de fracaso, aunque tal vez no sin un fervor y esfuerzo peculiares. La razón es que el deleite, como saben los amantes, tiene también sus rigores y sus pasos ascendentes. Pero por el momento no insistiré ni haré conjeturas sobre ese asunto. Yo creo en el purgatorio.

Recuerde, los reformadores tenían buenas razones para infundir dudas sobre «la doctrina romana acerca del purgatorio» tal como esa doctrina se había configurado entonces. No me refiero meramente al escándalo comercial. Si se traslada del *Purgatorio* de Dante al siglo XVI se espantará por la degradación. En la obra de Thomas More *Supplication of Souls*, el purgatorio es sencillamente un infierno transitorio. En él, las almas son atormentadas por demonios cuya presencia es «más horrible y dolorosa para nosotros que el dolor mismo». Para Fisher es peor todavía, y en su Sermón sobre el Salmo VI dice que las torturas son tan intensas que al espíritu que las sufre, el dolor le impide «recordar a Dios como debe hacer». De hecho, la misma etimología de la palabra purgatorio ha desaparecido. Sus dolores no nos aproximan a Dios, sino que nos hacen olvidarlo. No es un lugar de purificación sino de castigo puramente retributivo.

La opinión correcta vuelve espléndidamente en *Dream*, de Newman. En esa obra, si lo recuerdo bien, las almas bienaventuradas suplican, al pie mismo del trono, que sean llevadas de allí y sean purificadas. No se puede soportar ni un momento más «con su oscuridad arrostrar esa luz». La religión ha recuperado el purgatorio.

Nuestras almas *exigen* el purgatorio, ¿no es así? ¿No se nos rompería el corazón si Dios nos dijera: «Es verdad, hijo mío, que tu aliento huele y tus harapos gotean barro y limo, pero aquí somos benévolos y nadie te censurará estas cosas ni se apartará de ti. Entra en el gozo?». ¿No responderíamos: «Con sumisión, Señor, y si no hay ningún inconveniente, primero *preferiría* que se me limpiara?». «Eso puede doler, ¿sabes?». «Aun así, Señor».

Doy por sentado que el proceso de purificación normalmente entrañará sufrimiento. En parte por tradición y en parte porque la mayoría de los bienes reales que se me han hecho en esta vida han incluido sufrimiento. No creo, sin embargo, que el sufrimiento sea la finalidad del purgatorio. Puedo creer sin dificultad que las personas, ni mucho peor ni mucho mejor que yo, sufrirán menos o más que yo. «Ningún disparate acerca del merecimiento». El tratamiento aplicado será el requerido, hiera mucho o poco.

Mi imagen preferida sobre este asunto viene del sillón de un dentista. Espero que cuando me hayan sacado el diente de la vida, y yo esté «volviendo en sí», una voz diga: «Enjuágate la boca con esto». *Esto* será el purgatorio. El enjuague puede durar más de lo que ahora puedo imaginar. El sabor de *esto* puede ser más picante y astringente de lo que mi actual sensibilidad puede soportar. Pero More y Fisher no me persuadirán de que sea repugnante e inmoral.

Su peculiar dificultad —la de que los muertos no están en el tiempo— es otro asunto.

¿Cómo sabe que están o que no están? Yo creo, sin duda, que Dios goza de un infinito presente en el que nada ha llegado a su fin y nada está todavía por venir. ¿Se sigue de eso que haya que decir lo mismo de los santos y los ángeles? ¿En todo caso exactamente lo mismo? Los muertos podrían sentir un tiempo que no fuera tan completamente lineal como el nuestro. Podría tener, digámoslo así, espesor y longitud. Ya en esta vida experimentamos el espesor del tiempo siempre que aprendemos a prestar atención a más de una cosa a la vez. Podríamos suponer que esto aumentara hasta cierto punto, de forma que, aunque el presente deviene, tanto para ellos como para nosotros, continuamente pasado, sin embargo, cada presente contiene muchísimo más que los nuestros.

Tengo la *impresión* —¿puede usted considerarlo y decirme si es más que una impresión?— de que convertir la vida de los muertos bienaventurados en estrictamente intemporal no es consecuente con la resurrección del cuerpo.

Por otra parte, como usted y yo hemos convenido, si oramos por los vivos o por los muertos, las causas que impedirán o excluirán los acontecimientos por los que oramos están, de hecho, ya en juego. En realidad, son parte de una serie que, a mi entender, se remonta hasta la creación del universo. Las causas que han hecho que la enfermedad de George no haya sido grave estaban operando ya cuando nosotros pedíamos que se curara. Si hubiera sido la enfermedad que temíamos, sus causas habrían sido eficaces. Esa es la razón por la que, como yo sostengo, nuestras plegarias son atendidas, o no, desde la eternidad. La tarea de ensamblar unas en otras las historias espirituales y físicas del mundo está cumplida en el acto de creación mismo. Nuestras oraciones, y otras acciones libres, nos son conocidas tan solo cuando llega el momento de hacerlas. Pero son eternas en la partitura de la gran sinfonía. No «predeterminadas». El prefijo «pre» admite la noción de eternidad sencillamente como un tiempo más viejo. Aunque no podamos tener experiencia de la vida como eterno presente, a los ojos de Dios —es decir, en nuestra realidad más profunda— somos eternos. Cuando digo que estamos «en el tiempo», no quiero decir que estemos fuera del presente infinito en que Él nos contempla como contempla todo lo demás. Lo que quiero decir es que se debe a nuestra limitación como criaturas el que experimentemos nuestra realidad, esencialmente eterna, como una sucesión.

De hecho, hemos empezado haciendo mal la pregunta. La cuestión no es si los muertos son parte de la realidad eterna. Lo son; así es un destello de relámpago. La cuestión es si comparten la percepción divina de la eternidad.

Dígale a George que estaría encantado. *Rendez-vous* en mi habitación a las 7:15. No nos arreglamos para cenar los días normales.

XXI

BETTY TIENE TODA la razón. «Mucho hablar tanto sobre la oración y no decir ni una sola palabra sobre el problema práctico: sus molestias». Y Betty considera apropiado añadir: «¡Cualquiera pensaría que es una correspondencia entre dos santos!».

Fue un dardo mordaz y dio en el blanco. Sin embargo, no creo realmente que seamos hipócritas. ¿No implica una exageración el mero hecho de poner algo por escrito? Escrito en prosa, quiero decir. Solo la poesía puede hablar suficientemente bajo para captar el tenue murmullo de la mente, el «suave viento que aún podría ser más leve». El día pasado intenté describirle una experiencia mínima: los pequeños rastros de adoración con los que, a veces, saludo a mis placeres. Pero ahora veo que ponerlo en blanco y negro haría que sonara mucho más grande de lo que realmente es. La verdad es que no dispongo de un lenguaje lo suficientemente débil para describir la debilidad de mi vida espiritual. Si lo debilitara lo suficiente, dejaría de ser lenguaje por completo. Como cuando se intenta bajar aún más la llama del hornillo de gas y, sencillamente, la apagamos.

Insisto, pues, en que al hablar de la oración con esta extensión parece que le damos un lugar mucho más importante en nuestras vidas del que, me temo, tiene. La razón es que, mientras hablamos de ella, el resto de nuestras experiencias, que ponen en realidad a nuestras oraciones en el margen de la página o, a veces, totalmente fuera de ella, queda sin mencionar. De aquí deriva un error al hablar, error que viene a ser una mentira, aunque una mentira no intencionada.

Así pues, confesémoslo ahora todo. La oración *es* fastidiosa. Nunca es mal recibida una excusa para omitirla. El haberla hecho difunde una sensación de alivio y de fiesta sobre el resto del día. Somos reacios a empezar. Estamos satisfechos de terminar. Cuando oramos, y no así cuando leemos una novela o hacemos un crucigrama, una insignificancia basta para distraernos.

Sabemos, además, que no somos los únicos a los que les pasa esto. El hecho de que las oraciones sean indicadas constantemente como penitencia habla por sí mismo.

Lo curioso es que la reticencia a orar no se confina solo en los periodos de sequedad. Aunque las oraciones de ayer estuvieron llenas de consuelo y exaltación, las de hoy serán vividas, hasta cierto modo, como una carga.

Pero lo inquietante no es, simplemente, que escatimemos y asumamos de mala gana el deber de orar. Lo realmente inquietante es que orar tenga que ser considerado como un deber, pues una de nuestras creencias es que hemos sido creados para «glorificar a Dios y gozar eternamente de su presencia». Y si los pocos, los poquísimos minutos que ahora pasamos con Dios son para nosotros más una carga que un gozo, ¿qué es lo que pasa? Si yo fuera calvinista, este síntoma me llenaría de desesperación. ¿Qué se puede hacer *por* un rosal —o que deberíamos hacer *con* él— al que *disgusta* dar rosas? ¿Debería querer darlas?

En buena medida, nuestra torpeza en la oración se debe, sin duda, a nuestros pecados, como cualquier profesor nos dirá, y a nuestra inmersión evitable en las cosas de este mundo, a nuestro abandono de la disciplina mental. Y, asimismo, a la peor clase de «temor de Dios». Huimos del contacto demasiado directo, pues tememos que ello haga que las exigencias que Dios nos pone sean demasiado audibles. Como dice cierto viejo escritor: más de un cristiano ora tenuemente «por miedo de que Dios pueda escucharle lo que él, pobre hombre, nunca se ha propuesto». Sin embargo, los pecados —en todo caso, nuestros pecados actuales e individuales— no son, tal vez, la única causa.

Por la misma constitución de nuestras mentes tal como son ahora —y sea esta la que fuera cuando Dios las creó— nos resulta muy difícil concentrarnos en algo que no sea sensible (como las patatas) ni abstracto (como los números). Lo que es concreto, pero inmaterial, solo podemos considerarlo atentamente con doloroso esfuerzo. Alguien podría decir: «Porque no existe». Pero el resto de nuestra experiencia no puede aceptar esta solución. La razón es que nosotros mismos, y todo aquello que es importante para nosotros, parece quedar incluido en la clase de lo «concreto (es decir, individual) pero no sensible». Si la realidad consta solo de objetos físicos y conceptos abstractos, no tiene, en última instancia, nada que decirnos. Estamos en el universo equivocado. El hombre es una *passion inutile*; así que buenas noches. Y, sin embargo, el universo supuestamente real ha sido sacado de la experiencia sensible del hombre.

El doloroso esfuerzo que la oración implica no es prueba de que hagamos algo para lo que no hemos sido creados.

Si fuéramos perfectos, orar no sería un deber, sino un gozo. Algún día, Dios lo quiera, lo será. Lo mismo es verdad también de muchas otras conductas que ahora nos parecen deberes. Si amara al prójimo como a mí mismo, buena parte de las acciones que ahora son deberes morales fluiría tan naturalmente de mí como el canto de la alondra o la fragancia de una flor. ¿Por qué no es así todavía? La verdad es que ya lo sabemos, ¿no es cierto? Aristóteles enseña que el gozo es el «florecimiento» de una acción no obstaculizada. «Pero las acciones para las que hemos sido creados mientras vivimos en la tierra encuentran diferentes obstáculos: o el mal en nosotros o en los demás. No realizarlas es renunciar a nuestra humanidad. Practicarlas espontáneamente y con gozo no es posible todavía. Esta situación crea la categoría del deber, el reino específicamente *moral*».

Ese campo existe para ser trascendido: he ahí la paradoja del cristianismo. Como imperativos prácticos para aquí y ahora, los dos grandes mandamientos tienen que ser traducidos así: «Obra *como si* amaras a Dios y al hombre». La razón es que el hombre no puede amar porque se le haya dicho que lo haga. Sin embargo, la obediencia en este nivel práctico no es, realmente, siquiera obediencia. Y si el hombre amara realmente a Dios y al hombre, difícilmente sería eso, también, obediencia, pues si lo hiciera, sería incapaz de evitarlo. Así pues, el mandamiento nos dice realmente: «Tienes que nacer de nuevo». Hasta entonces, tenemos el deber, la moralidad, la ley. Un maestro, como dice san Pablo, para llevarnos a Cristo. No podemos esperar de ello más que de un maestro; no podemos reconocerle menos. Tengo que decir mis oraciones hoy, tanto si siento devoción como si no. Pero también es así como tengo que aprender gramática si quiero leer alguna vez a los poetas.

Pero los días de escuela están, Dios lo quiera, contados. En el cielo no hay moralidad. Los ángeles no han conocido jamás (desde dentro) el significado de la palabra *deber*, y los muertos bienaventurados, hace ya mucho tiempo, por fortuna, que lo han olvidado. Esa es la razón por la que el cielo de Dante es tan verdadero, y el de Milton, con su disciplina militar, tan necio. Esto explica también —por retomar un asunto anterior— por qué tenemos que representar ese mundo con términos que parecen casi frívolos. En este mundo, las acciones importantes encuentran dificultades. Solo podemos representarnos acciones sin obstáculos y, en consecuencia, gozosas, mediante analogía con el juego y el ocio actuales.

Así es como obtenemos la idea de que es como libres como tendrían que importar tan poco.

He dicho, téngalo presente, que «la mayoría» de las conductas que ahora son deberes serían espontáneas y gozosas si fuéramos, por así decirlo, buenos rosales. La mayoría, no todas. Hay, o debe haber, martirio. No hemos sido obligados a que nos guste. Nuestro maestro no lo hizo. Pero el principio sostiene que el deber está condicionado siempre por el mal. El martirio, por el mal de los perseguidores; otros deberes, por la falta de amor en mí o por el mal, generalmente difundido, del mundo. En el mundo perfecto y eterno la ley desaparecerá. Pero no los efectos de haber vivido fielmente bajo ella.

Por tanto, en realidad no estoy demasiado preocupado por el hecho de que la oración sea, en el momento presente, un deber e, incluso, un fastidio. Esto es humillante. Es frustrante. Es una pérdida de tiempo terrible (cuanto peor oramos, tanto más duran nuestras oraciones). Pero todavía seguimos estando en la escuela. O, como Donne, «afino mi instrumento aquí en la puerta». E incluso ahora —¿cómo puedo debilitar suficientemente las palabras, cómo puedo hablar en absoluto sin exageración— tenemos lo que parecen ser momentos magníficos. Donde con más frecuencia, tal vez, en nuestras ligeramente voluntarias «colaciones ni pedidas ni buscadas. Feliz el hombre al que estas cosas le ocurran así».

Pero no quiero detenerme demasiado sobre ese asunto, ni lo haría si fuera diez veces tanto como es. Tengo la opinión de que las que nos parecen ser las peores oraciones pueden ser, realmente, las mejores a los ojos de Dios. Me refiero a aquellas que apenas están asistidas por un sentimiento piadoso y que contienden con una fuerte desgana. Tal vez estas oraciones, por ser casi totalmente voluntad, vengan de un nivel más profundo que el sentimiento. En el sentimiento hay mucho que no es realmente nuestro, mucho que viene del tiempo y la salud, o del último libro leído. Una cosa parece cierta. No es una buena pesca para los momentos esplendorosos. Dios parece hablarnos más íntimamente en determinadas ocasiones, cuando nos pilla, por así decir, con la guardia baja. Nuestras operaciones para recibirlo tienen a veces el efecto contrario. ¿No dice Charles Williams en algún pasaje que «el altar tiene que levantarse a menudo en un lugar para que el fuego del cielo pueda descender *en algún otro sitio*?».

XXII

POR NO ESTAR suscrito a una agencia de recortes de prensa, me pierdo la mayoría de las flores e insultos que me dirigen. Por eso no he visto el artículo que usted ha escrito sobre el particular. Pero he visto otros del mismo tipo y no me romperán ningún hueso. Pero no juzgue mal a estos «cristianos liberales». Creen sinceramente que los escritores como yo hacen mucho daño.

Esos mismos cristianos creen que es imposible aceptar la mayor parte de los artículos de la «fe que ha sido transmitida a los santos de una vez por todas» (Jud 3). Sin embargo, desean ardientemente que cierta religión atrofiada, que ellos (no nosotros) pueden describir como «cristiandad», pueda continuar existiendo y haya mucha gente que se convierta a ella. Piensan que los conversos llegarán con tal de que esa religión sea suficientemente «desmitologizada». El barco tiene que ser aligerado para que la religión se mantenga a flote.

De aquí se sigue, para ellos, que las personas más dañinas del mundo son aquellas que, como yo, proclaman que el cristianismo incluye esencialmente lo sobrenatural.

Están absolutamente seguros de que la creencia en lo sobrenatural no revivirá, ni debería revivir, nunca, y de que, si persuadimos al mundo de que debe elegir entre aceptar lo sobrenatural y abandonar las simulaciones del cristianismo, el mundo elegirá, indudablemente, la segunda alternativa. Así pues, somos nosotros, no los liberales, los que realmente hemos traicionado la situación. Nosotros vinculamos al nombre cristiano un escándalo mortífero del que ellos, de no haber sido por nosotros, habrían podido desinfectarlo.

¿Puede censurarlos si en sus comentarios sobre nuestras obras se insinúa cierto tono de resentimiento? No se lo podríamos perdonar si nos permitiéramos albergar enojo contra ellos. En cierta medida les estropeamos de antemano la oportunidad. Sin embargo, ellos no hacen una contribución parecida a las fuerzas del secularismo. El secularismo tiene ya cientos de campeones que arrastran mucho más peso que ellos. El cristianismo liberal solo puede proporcionar un eco vano al amplio coro de descreimiento convenido y reconocido. No se engañe por el hecho de que este eco «reproduzca los titulares» muy a menudo. Eso es así porque los ataques sobre la doctrina cristiana que pasarían inadvertidos si los lanzara, como se hace diariamente, una persona cualquiera, se convierten en noticia cuando el que ataca es un sacerdote, exactamente igual que una protesta corriente contra el maquillaje se convertiría en noticia si viniera de una estrella de cine.

A propósito, ¿ha conocido a alguien, u oído de alguien, que se convirtiera del escepticismo a un cristianismo «liberal» o «desmitologizado»? Creo que cuando uno se vuelve descreído, va mucho más lejos.

No se trata de que ninguno de los grupos tenga que ser juzgado por el éxito, como si se tratara de un problema de táctica. Los liberales son personas honestas y predican su versión del cristianismo, como nosotros predicamos la nuestra, porque creen que es verdadera. Una persona que, primero, tratara de imaginar «lo que el público quiere» y, después, lo predicara como si fuera el cristianismo *porque* el púbico lo quiere, sería una mezcla excelente de necio y pícaro.

Me extiendo sobre este asunto porque, incluso usted, en su última carta, parecía insinuar que mi opinión tenía mucho de sobrenatural, especialmente en el sentido de que «el mundo venidero» cobraba una importancia extraordinaria. Pero ¿cómo puede no cobrar una importancia extraordinaria si se cree en él?

Usted conoce mi historia. Sabe que no estoy atormentado en absoluto por el temor de haber sido sobornado, de haber sido inducido a abrazar el cristianismo por la esperanza de la vida eterna. Yo creí en Dios antes de creer en el cielo. Incluso ahora; incluso si, haciendo una suposición imposible, su voz, inconfundiblemente su voz, me dijera: «Te han engañado. No puedo hacer nada de esto por ti. Mi larga lucha con las fuerzas ciegas casi ha terminado. Yo miento, hijos. La historia está terminando», ¿sería este el momento de cambiar de partido? ¿No tomaríamos usted y yo el camino vikingo: «Los gigantes y los gnomos vencen. Muramos donde debemos, con el padre Odín»?

Y si no es así, si se ha aceptado una vez el otro mundo, ¿cómo podemos guardarlo, salvo por preocupaciones sensuales o de bullicio, en el fondo de la mente? ¿Cómo puede el «resto del cristianismo» —¿qué es este «resto»?— desenredarse de él? ¿Cómo podemos disolver esta idea si, una vez admitida, tantas cosas de nuestra experiencia actual, en las que creíamos incluso antes, parecían como «vástagos luminosos de eternidad»?

Y, sin embargo..., pese a todo, lo sé. Es un riesgo. No *sabemos* qué será. Tenemos libertad, la oportunidad de algo de generosidad, un poco de deportividad.

¿No es posible que muchos «liberales» tengan una razón extremadamente no liberal para desterrar la idea de cielo? Los liberales quieren el valor seguro de una religión tan inventada que ningún hecho pueda refutarla. En una religión así tienen la confortable sensación de que, sea como sea el universo real, no «habrán tenido ni habrán financiado el caballo equivocado». Están próximos al espíritu del hombre que escondió su talento en una servilleta «Sé que usted es un hombre duro y yo no quiero correr riesgos». Pero ¿es seguro que la clase de religión que ellos quieren no consta de otra cosa que de tautologías?

Sobre la resurrección del cuerpo. Estoy de acuerdo con usted en que la vieja imagen del alma reasumiendo el cadáver —tal vez hecho trizas o desde hace tiempo provechosamente dispersado por la naturaleza— es absurda.

Tampoco es eso lo que dan a entender las palabras de san Pablo. Y reconozco que, si me pregunta qué propongo yo para sustituir esta idea, responderé que solo tengo especulaciones que ofrecer.

El principio que hay detrás de estas especulaciones es el siguiente. En esta doctrina no me intereso en absoluto por la materia como tal: con ondas, átomos y esas cosas. Aquello por lo que el alma grita es por la resurrección de los sentidos. Incluso en esta vida, la materia no significaría nada para nosotros si no fuera la fuente de las sensaciones.

Nosotros tenemos ya cierto poder, débil e intermitente, de levantar a las sensaciones muertas de sus tumbas. Me refiero, naturalmente, a la memoria.

Usted entiende el camino que sigue mi pensamiento. Pero no se deje arrastrar por la idea de que, cuando hablo de la resurrección del cuerpo, quiero decir tan solo que los muertos bienaventurados tendrán excelentes recuerdos de sus experiencias sensibles en la tierra. Quiero decir lo contrario: la memoria, tal como la conocemos ahora, es una débil anticipación, un espejismo incluso, de un poder que el alma, o mejor, Cristo en el alma (Él fue «a preparar lugar» para nosotros), ejercerá en lo futuro. Ya no será por más tiempo intermitente. Sobre todo, no será por más tiempo algo particular del alma en la que ocurre. Solo imperfectamente puedo comunicarle ahora con palabras los campos desaparecidos de mi niñez (hoy son fincas edificadas). Tal vez llegue el día en que pueda llevarlo a dar un paseo por ellos.

Ahora tendemos a pensar en el alma como algo «dentro» del cuerpo. Sin embargo, el cuerpo glorificado de la resurrección tal como yo lo concibo —la vida sensible elevada de la muerte— estará dentro del alma, de igual modo que Dios no está en el espacio, sino el espacio en Dios.

He introducido «glorificado» casi inadvertidamente. Pero esta glorificación no es algo solo prometido; es algo ya prefigurado. El más estúpido de nosotros sabe cómo puede idealizar la memoria, cuán a menudo un vislumbre momentáneo de la belleza durante la infancia es

...un susurro

que la memoria almacenará como un clamor.

No me hable de las «ilusiones» de la memoria. ¿Por qué lo que vemos en este momento tendría que ser más «real» que lo que vemos desde una distancia de diez años? Es realmente ilusión creer que las colinas azules allá en el horizonte seguirán pareciendo azules cuando nos acercamos a ellas. Pero el hecho de que sean azules a cinco millas de distancia, y el hecho de que sean verdes cuando estamos encima de ellas, son hechos igualmente válidos. El «trigo brillante e inmortal» de Traherne, o el paisaje de Wordsworth «ataviado con luz celestial», tal vez no hayan sido tan radiantes en el pasado en que fueron actuales como en el pasado recordado. Este es el comienzo de la glorificación. Un día serán todavía más radiantes. Así surgirá la Nueva Tierra entera en los cuerpos-sentidos de los redimidos. Lo mismo, pero no lo mismo que esto de ahora. Fue desparramado en corrupción, es elevado en incorrupción.

No me atrevo a omitir, aunque tal vez sea objeto de burla y sea mal entendido, un ejemplo extremo. El descubrimiento más extraño de la vida de un viudo es la posibilidad, realizada a veces, de recordar con una imaginación detallada y desinhibida, con ternura y gratitud, un episodio de amor carnal, sin que eso suponga que despierte la concupiscencia. Cuando esto ocurre (no se debe buscar), nos embarga una sensación de respeto. Es como ver a la naturaleza misma levantarse de su tumba. Lo que fue esparcido como algo efímero surge como algo permanente. Lo que fue sembrado como devenir se alza como ser. Sembrado subjetivamente, surge objetivamente. El secreto transitorio de dos es ahora un acorde de la música suma.

«Pero esto —protesta usted— no es la resurrección del *cuerpo*. Usted ha dado a los muertos una especie de mundo de sueño y cuerpos de sueño. No son reales». Sin duda, ni más ni menos reales que los que usted ha conocido siempre. Usted sabe mejor que yo que el «mundo real» de la experiencia presente (coloreado, sonoro, blando o duro, frío o caliente, todo encohetado por la perspectiva) no tiene lugar en el mundo descrito por la física o, incluso, por la fisiología. La materia solo entra en nuestra experiencia haciéndose sensación (cuando la percibimos) o concepto (cuando la entendemos), es decir: haciéndose alma. Ese elemento del alma que la materia llega a ser será, a mi juicio, elevado y glorificado. Las colinas y valles del cielo no serán, respecto de los que ahora experimentamos, como la copia respecto del original, sino como la flor respecto de la raíz o el diamante respecto del carbón. Será eternamente cierto que se originan con la materia. Bendigamos, pues, la materia. Sin embargo, entrando en nuestra alma del único modo que puede entrar —es decir, siendo percibida y conocida—, la materia se convierte en alma (como Ondine, que adquirió alma casándose con un mortal).

No digo que la resurrección del cuerpo ocurra simultáneamente. Puede ocurrir muy bien que esta parte de nosotros duerma el sueño de la muerte y que el alma intelectual sea enviada a tierras de vigilia donde ayune en pura espiritualidad, una condición espectral e imperfectamente humana. Sin embargo, la espiritualidad pura está en armonía con su naturaleza, pero creo que no lo está con la nuestra. (Un caballo de dos patas está lisiado; pero un hombre de dos piernas, no). A partir de este hecho, tengo la esperanza de que regresaremos y recuperaremos la riqueza que abandonamos.

Entonces, la nueva tierra y el nuevo cielo, los mismos, pero no los mismos que estos, resucitarán en nosotros cuando nosotros hayamos resucitado en Cristo. Y de nuevo, detrás de quien conoce los eones del silencio y la oscuridad, los pájaros pregonarán sus cantos y las aguas fluirán, y las luces y las sombras se moverán a través de las colinas, y los rostros de nuestros amigos se reirán con nosotros con admirado reconocimiento.

Conjeturas, por supuesto, solo conjeturas. Si no son verdad, lo será algo mejor, pues sabemos que seremos hechos como Él, pues lo veremos como es.

Dé las gracias a Betty por su advertencia. Llegaré en el último tren, a las 3.40. Y dígale que no se preocupe por la cama en la planta baja. Ahora puedo subir escaleras de nuevo, siempre que pueda empezar a subirlas «desde abajo». Hasta el sábado.

Printed in the USA
CPSIA information can be obtained
at www.ICGtesting.com
CBHW010447250924
14879CB00024B/394

9 780849 919350